Joel C. Sáenz
Grace Wong
Eduardo Carrillo

Ballenas y delfines de América Central
Whales and Dolphins of Central America

Ilustraciones / *Illustrations*
Alina Suárez, Fernando Zeledón

Fotografías / *Photographs*
Laura May Collado, Miguel Iñíguez

INBio
Instituto Nacional
de Biodiversidad

```
599.5
S127b      Sáenz Méndez, Joel C.
               Ballenas y delfines de América Central = Whales and Dolphins of
           Central America / Joel C. Sáenz Méndez, Grace Wong Reyes, Eduardo
           Carrillo Jiménez; Christina Feeny, tr. -- Santo Domingo de Heredia,
           Costa Rica: Instituto Nacional de Biodiversidad, INBio, 2004
               156 p.: ils. ; 21 cm x 21 cm

               Incluye fotografías

               ISBN 9968 - 702 - 92 - 7

               1. Ballenas.  2. Cetáceos.  3. Biodiversidad marina. 4. Parques nacio-
           nales de Costa Rica. 5. Delfines. 6. Conservación. I. Wong Reyes, Grace. II.
           Carrillo Jiménez, Eduardo. III. Feeny, Christina, tr. III. Título
```

Esta publicación se hizo gracias al apoyo financiero del proyecto *Contribución al conocimiento y uso sostenible de la biodiversidad en Costa Rica*, de la Agencia Noruega de Cooperación para el Desarrollo (NORAD).

Gerente editorial: Fabio Rojas Carballo
Editora: Diana Ávila Solera
Diseño y diagramación: Rodrigo Granados Jiménez
Fotografías: Laura May Collado y Miguel Iñíguez
Ilustraciones: Alina Suárez (AS) y Fernando Zeledón (FZ)
Revisión científica: Dr. José Manuel Mora, Universidad de Costa Rica
Traducción: Christina Feeny

Primera edición, 2004

© Instituto Nacional de Biodiversidad (INBio)
   Hecho el depósito de ley
   Reservados todos los derechos

   Prohibida la reproducción total o parcial de este libro.

               Hecho en Costa Rica por la
               Editorial INBio

A nuestra querida Paulita (Baby Beluga)
To our beloved Paulita (Baby Beluga)

Joel, Grace y Eduardo

Agradecimientos

A Miguel Iñíguez, especialista en cetáceos, por su aporte para la elaboración de los anexos. Al biólogo José Manuel Mora, por su minuciosa revisión y valiosos comentarios al borrador de este libro. A Juan José Flores, por ayudarnos en la búsqueda de información en Internet.

Joel Sáenz desea agradecer especialmente a "Pecanitas", por el apoyo y el cariño durante sus cortas estadías en Amherst (Estados Unidos).

A la Editorial INBio, por animarnos a escribir esta guía de campo y por sus esfuerzos para poner al alcance del público en general el conocimiento sobre la rica biodiversidad de Costa Rica.

Acknowledgements

Our thanks to Miguel Iñíguez, an expert on cetaceans, for his help in preparing the annexes; to biologist José Manuel Mora, for his meticulous revision of the draft of this book and his valuable comments; and to Juan José Flores, for helping us research information on the Internet.

Joel Sáenz particularly wishes to thank "Pecanitas" for her support and affection during his short trips to Amherst (United States).

Our thanks also to Editorial INBio, for encouraging us to write this field guide and for its efforts to share the knowledge of Costa Rica's rich biodiversity with the general public.

CONTENTS

Dedication

Acknowledgements

INTRODUCTION 10
    Origin, evolution and classification of cetaceans 10
    Adaptation of terrestrial animals to aquatic life 14
    Description of the suborders of cetaceans 16
    General characteristics of cetaceans 24
    Stranding or beaching 28
    Exploitation 32
    Conservation 34
    Ecotourism 38

List of species included in this guide 40

DESCRIPTION OF SPECIES 41

Annex I. Guidelines and recommendations for observing cetaceans ... 136

Annex II. Basic steps to follow when identifying cetaceans in the sea ... 138

Glossary 142

Bibliography 148

Index 153

CONTENIDO

Dedicatoria

Agradecimientos

INTRODUCCIÓN 11
    Origen, evolución y clasificación de los cetáceos 11
    La adaptación de animales terrestres a la vida acuática 15
    Descripción de los subórdenes de cetáceos 17
    Características generales de los cetáceos 25
    Varamientos o encallamientos 29
    Explotación 33
    Conservación 35
    Ecoturismo 37

Lista de especies incluidas en esta guía 40

DESCRIPCIÓN DE ESPECIES 41

Anexo I. Pautas y recomendaciones para la observación de cetáceos 137

Anexo II. Pasos básicos que se deben seguir para identificar cetáceos en el mar . 139

Glosario 143

Bibliografía 148

Índice 153

INTRODUCTION

In our region, the scientific literature on marine mammals, particularly cetaceans (whales, dolphins and porpoises) is scant. It is rare to find a field guide containing information on the habits and physical characteristics of the cetaceans that visit the Central American coasts. Nevertheless, almost all the data concerning the local distribution of each of the species included in this book refer only to Costa Rica, since no information is available for the rest of the countries in the area.

This field guide offers a general description of the whale and dolphin species that have been observed in the seas around Central American countries. It also includes the Northern Right Whale (*Eubalaena glacialis*) and the Minke whale (*Balaenoptera acutorostrata*), which have not yet been sighted but are presumed to be present in the region. Many of these species are common, some are rare and others are endangered.

This book consists of two parts: the first section contains general information on dolphins and whales, including the evolution, classification and distinctive characteristics of each group, as well as other topics associated with these creatures, such as mass strandings, commercial exploitation, the ecotourism industry and conservation. The second part offers a description of 30 species of dolphins and whales, each one accompanied by a full color illustration and photographs to facilitate identification, and a map showing its potential distribution in the seas around the area. The species are presented according to the suborder to which they belong and following an evolutionary order, i.e., according to when the different groups of cetaceans appeared in the world.

Each description includes both the scientific and the common name of the species, its physical characteristics, its distribution worldwide and in Central America, its habits, feeding, reproduction, conservation status in the world, the places in the area where it may be observed and some notes or comments of interest.

In order to help identify the different species in the sea, this guide includes illustrations showing how they swim, dive and how whales (and some dolphins) produce a blow or spout when they breathe.

At the end of the book are two annexes: the first contains some rules and recommendations to be applied when observing cetaceans and the second annex is a practical guide to the steps to follow to identify species in the sea.

ORIGIN, EVOLUTION AND CLASSIFICATION OF CETACEANS

The Order Cetacea now includes marine mammals known as whales, dolphins and porpoises. The word "cetacea" comes from the Greek *ketos* (whale) and from the Latin *cetus* (sea monster). Cetaceans and manatees (Order Sirinea) are the only marine mammals that spend their entire lives in the water and are the most diverse group among the mammals adapted to life in the ocean. The recent discovery (in the twentieth century) of cetacean fossils provides evidence that these animals evolved from terrestrial forms to a totally aquatic existence.

Cetaceans and manatees were the last marine mammals to evolve. The first cetacean fossils date back to the Middle Eocene (some 54 million years ago) and correspond to the genus *Archeocetes*, an extinct ancestor of the whales that apparently evolved from a group of ungulate mammals – also extinct – called the Mesonychians, (Figs. 1a,b), which were terrestrial mammals with cloven hooves. *Archeoceti* was a type of whale that was less adapted to the aquatic environment than present day species. Most modern whale and dolphin species

INTRODUCCIÓN

En nuestro medio, la literatura científica sobre mamíferos marinos, especialmente los cetáceos (ballenas, delfines y marsopas) es escasa. Es raro encontrar una guía de campo con información sobre los hábitos y las características físicas de los cetáceos que visitan las costas centroamericanas. No obstante, casi todos los datos sobre la distribución local de cada una de las especies incluidas en este libro se refieren a Costa Rica, ya que no hay información disponible para el resto de los países del área.

Esta guía de campo contiene la descripción general de las especies de ballenas y delfines que se han observado en los mares de Centroamérica. También se incluyen la ballena franca (*Eubalaena glacialis*) y el rorcual aliblanco (*Balaenoptera acutorostrata*), los cuales, aunque todavía no se han avistado, se supone que se encuentran en la zona. Muchas de estas especies son comunes, algunas son raras y otras están en peligro de extinción.

El libro se compone de dos partes, en la primera se presenta información general sobre los delfines y las ballenas, tales como su evolución, su clasificación y las características distintivas de cada grupo; además de otros aspectos inherentes a estos animales como los varamientos, la explotación comercial, la industria ecoturística y la conservación. La segunda parte contiene la descripción de 30 especies de delfines y ballenas, cada una ilustrada con un dibujo y fotografías a todo color para ayudar a su identificación, así como un mapa que muestra su distribución potencial en los mares de la región. La presentación de las especies se hace según el suborden al que pertenezcan y siguiendo un orden evolutivo, es decir, conforme fueron apareciendo los diferentes grupos de cetáceos en el mundo.

La descripción de cada especie incluye el nombre científico y el nombre común, sus características físicas, la distribución mundial y en Centroamérica, los hábitos, la alimentación, la reproducción, el estado de conservación en el mundo, los lugares de la región donde se pueden observar y notas o comentarios de interés.

Para ayudar a identificar las especies en el mar, se incluyen ilustraciones del nado, el buceo y la forma en que se emite el chorro o soplido durante la respiración de las ballenas (y, en algunos casos, de los delfines).

Al final se encuentran dos anexos, el primero contiene reglas y recomendaciones que se deben aplicar durante la observación de cetáceos y el segundo es una guía práctica de los pasos a seguir para identificar las especies en el mar.

ORIGEN, EVOLUCIÓN Y CLASIFICACIÓN DE LOS CETÁCEOS

El Orden Cetacea incluye en la actualidad a los mamíferos marinos denominados ballenas, delfines y marsopas. La palabra "cetacea" proviene del griego *ketos* (ballena) y del latín *cetus* (monstruo marino). Los cetáceos y los manatíes (Orden Sirinea) son los únicos mamíferos marinos que viven toda su vida en el agua y son el grupo más diverso entre los mamíferos adaptados a la vida en el mar. El descubrimiento reciente (en el siglo XX) de fósiles de cetáceos constituye una evidencia de que estos animales evolucionaron desde formas terrestres hasta una existencia totalmente acuática.

Entre los mamíferos marinos, los cetáceos y los manatíes fueron los últimos en evolucionar. Los primeros fósiles de cetáceos datan del Eoceno Medio (hace unos 54 millones de años) y corresponden al género *Arqueocetos*, un antecesor extinto de las ballenas que aparentemente evolucionó de un grupo de mamíferos ungulados también extintos, los

have existed for around 12 million years (end of the Miocene era) and the more ancient forms of cetaceans (such as Sperm Whales, Family Physeteridae, Fig. 2) have existed for 23 million years (end of the Oligocene period).

Figura 1 / *Figure 1*
(a) Esqueleto de un mamífero extinto muy relacionados con las ballenas.
(b) Esqueleto de un arqueoceto (*Ambulocetus natans*), una especie de cetáceo primitivo
a) Skeleton of an extinct mammal very closely related to the whales
b) Skeleton of an archaeoceti (Ambulocetus natans), a primitive cetacean

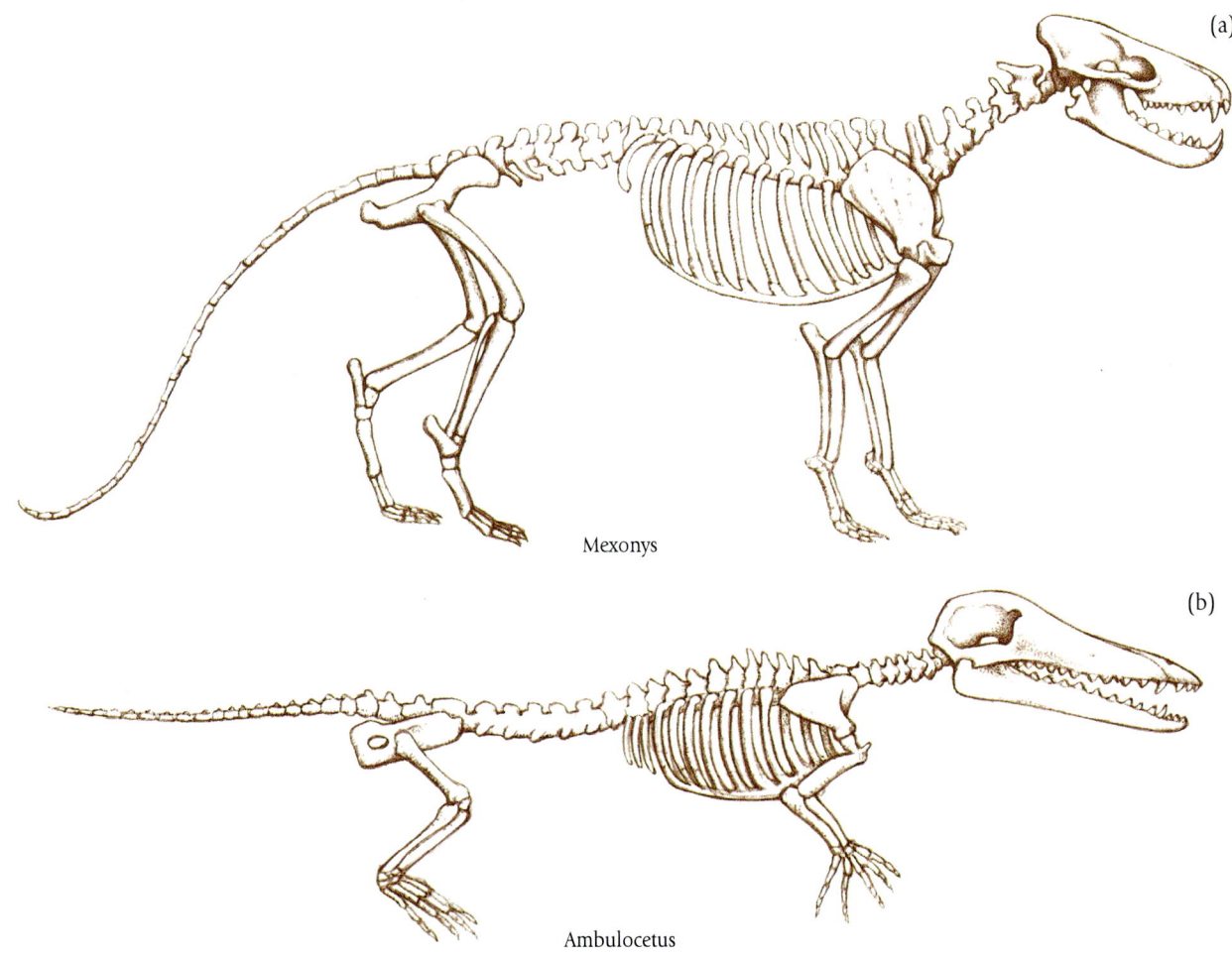

Mesoniquianos (Figs. 1a,b), que eran mamíferos terrestres de pezuñas hendidas. *Arqueocetos* era una forma de ballena menos adaptada al medio acuático que la actual. La mayoría de las formas modernas de ballenas y delfines están presentes desde hace unos 12 millones de años (finales del Mioceno) y las formas más antiguas de cetáceos (como los cachalotes, familia Physeteridae, Fig. 2) existen desde hace 23 millones de años (finales del Oligoceno).

Figura 2 / *Figure 2*
Cronología de la evolución de los cetáceos / *Chronology of the evolution of cetaceans*

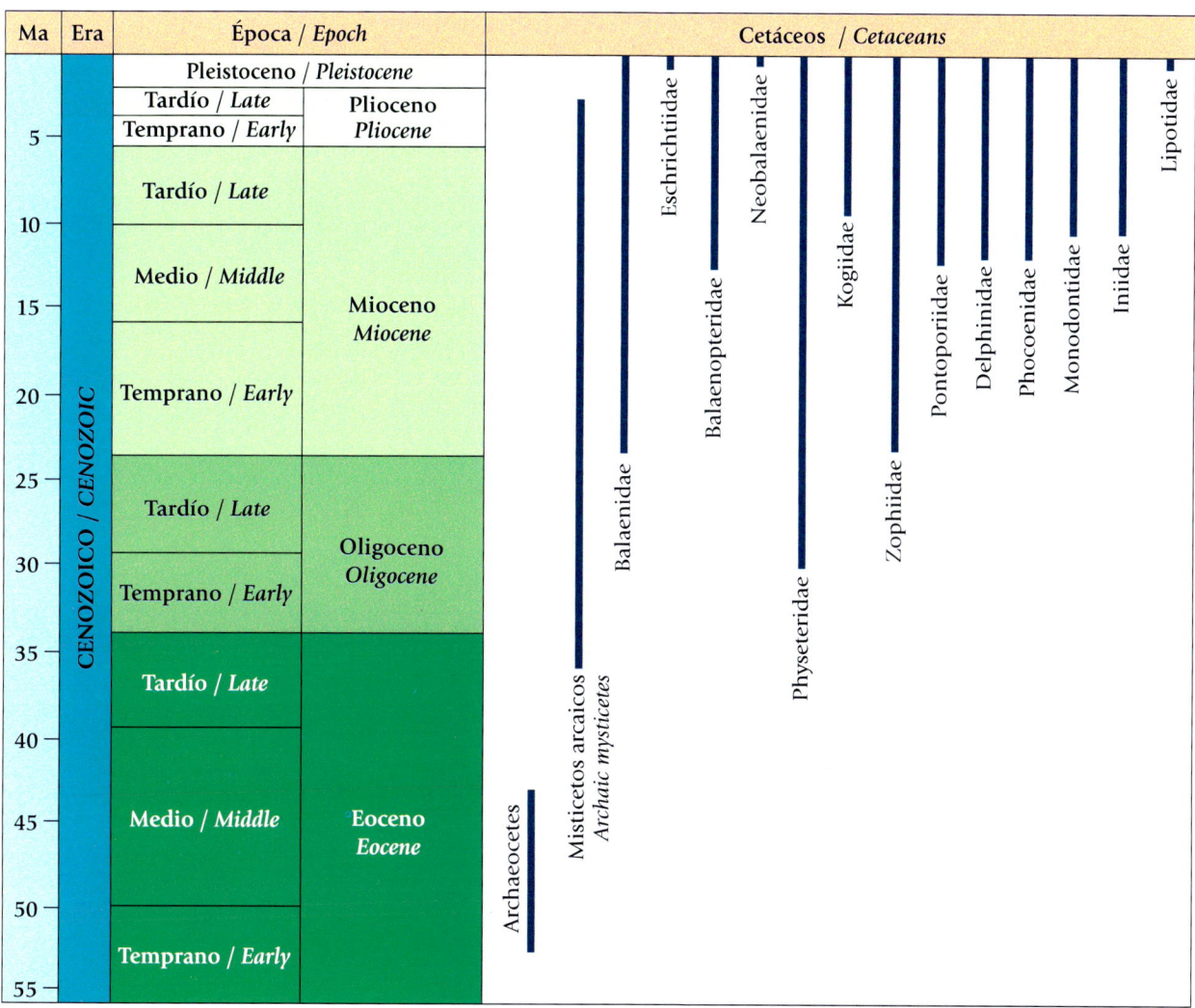

Fuente: Berta y Sumich, 1999.

ADAPTATION OF TERRESTRIAL ANIMALS TO AQUATIC LIFE

If we consider that mammals are primarily terrestrial animals, the cetaceans had to undergo a series of anatomical, morphological and physiological changes to adapt to life in the sea. Therefore, they must necessarily have links of kinship with some terrestrial groups. For example, in cetaceans the pelvic girdle has almost disappeared, leaving in its place a vestigial bone that has no contact with the spine, while in mustelids (semi-aquatic terrestrial mammals, such as otters), the pelvic girdle is fully developed (Fig. 3).

Another noteworthy modification is the ankylosis of the cervical region of the spine due to the fusion of the vertebrae:

Figura 3 / *Figure 3*

Esquema que muestra las modificaciones esqueléticas y la transformación de los miembros anteriores en aletas. Se hace una comparación entre una nutria y un delfín.

Diagram showing the modifications of the skeleton and the transformation of the forelimbs into fins. Comparison between an otter and a dolphin.

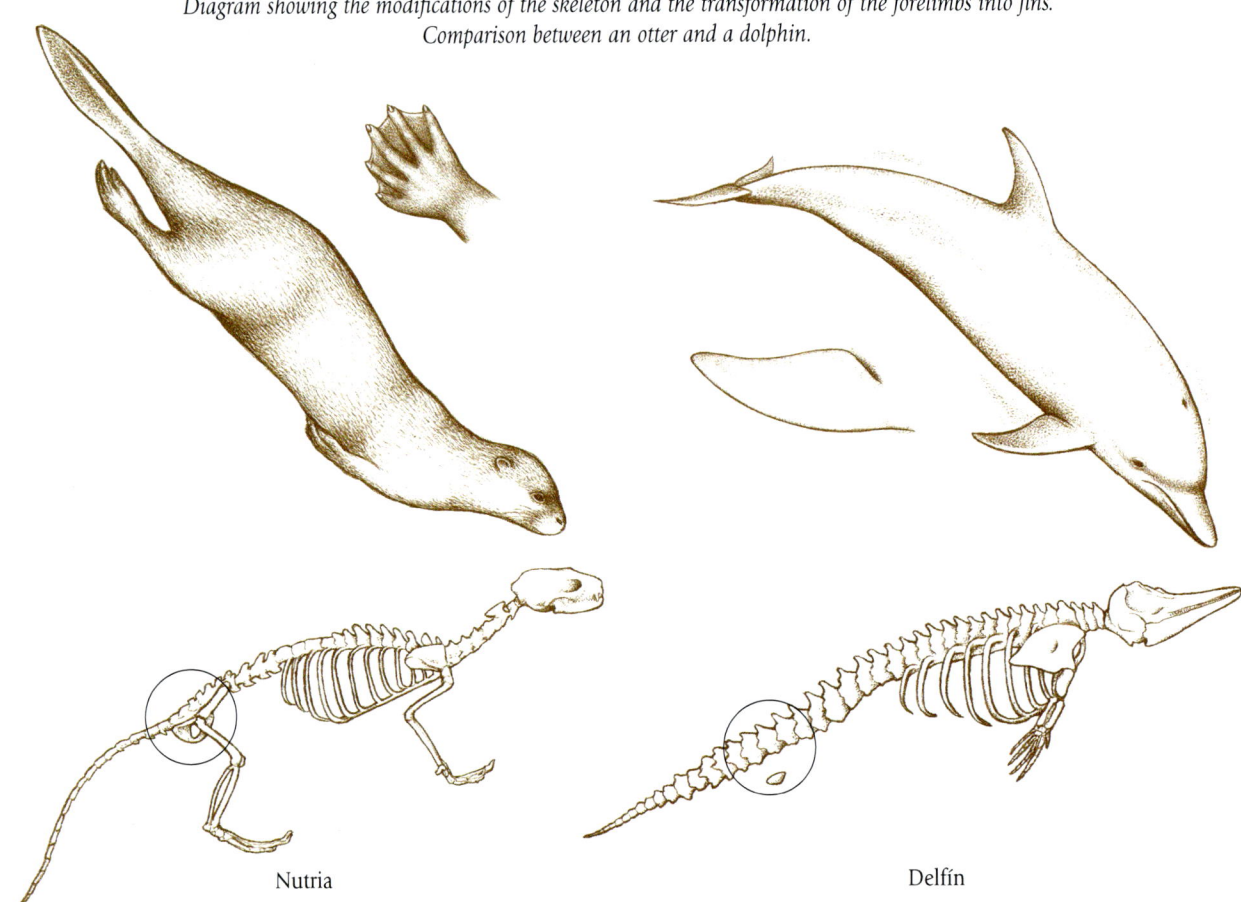

Nutria   Delfín

LA ADAPTACIÓN DE ANIMALES TERRESTRES A LA VIDA ACUÁTICA

Si consideramos que los mamíferos son principalmente terrestres, entonces los cetáceos tuvieron que pasar por una serie de modificaciones anatómicas, morfológicas y fisiológicas para adaptarse a la vida en el mar, por esta razón necesariamente debe existir una relación de parentesco con algunos grupos terrestres. Por ejemplo, en los cetáceos casi ha desaparecido la cintura pelviana y en su lugar quedó un hueso vestigial que no tiene contacto con la columna vertebral, mientras que en un mustélido (mamífero terrestre semiacuático, como la nutria), la cintura pelviana está perfectamente desarrollada (Fig. 3).

Otra modificación notable es un anquilosamiento en la región cervical de la columna vertebral debido a la fusión de las vértebras: los mamíferos terrestres mueven el cuello tanto hacia adelante y hacia atrás como hacia los lados, ya que las vértebras están articuladas entre sí y eso permite este movimiento (Fig. 4). En los cetáceos no existe movimiento alguno, porque las vértebras cervicales se modificaron para reducir su masa y poder

Figura 4 / *Figure 4*

Diagrama que muestra la modificación esquelética de un cetáceo en comparación con un mamífero terrestre. Se muestra el anquilosamiento de la región cervical del cetáceo y movimiento del cuello del mamífero terrestre.

Diagram showing the skeletal modification of a cetacean compared with a terrestrial mammal. Shows the ankylosing (fusion) of the cervical region in the cetacean and movement of the neck in the terrestrial mammal.

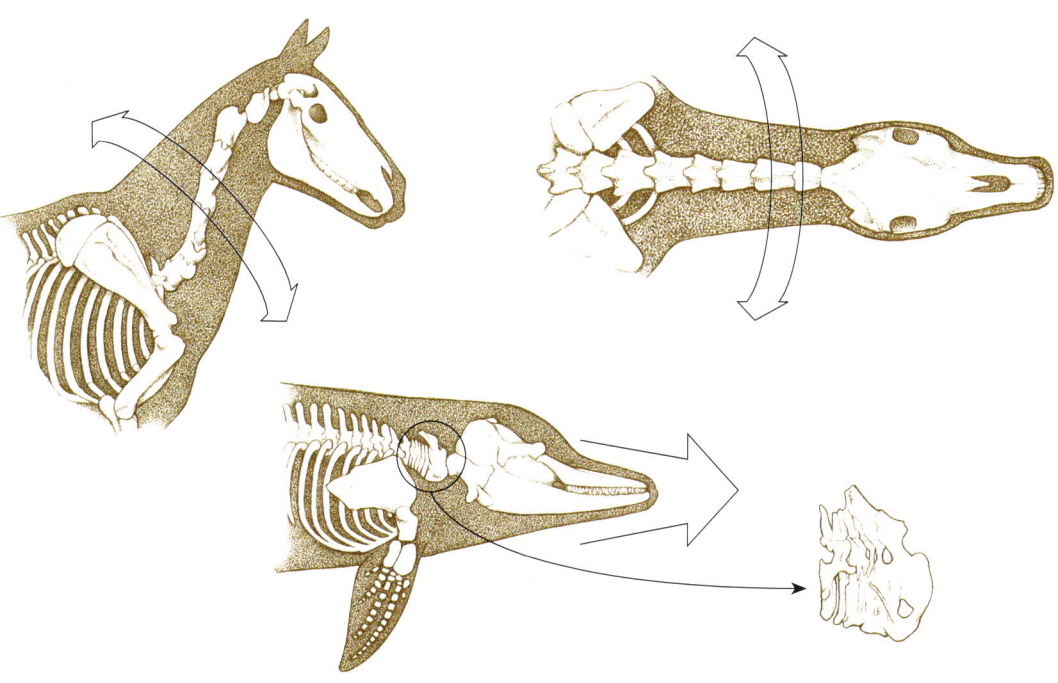

terrestrial mammals move the neck forwards and backwards as well as sideways, as the vertebrae are articulated with each other, allowing this movement (Fig. 4). In cetaceans there is no movement whatsoever, as the cervical vertebrae have been modified to reduce their mass and to fuse with each other, in response to the need to strengthen their hydrodynamic structure, giving the body a rounded, elongated shape that tapers at the ends (fusiform).

In cetaceans, the hind limbs (feet and tail) have fused into a dorso-ventrally flattened tail, extended laterally in two lobes (flukes), this being the organ that propels them as they swim (Fig. 3). This structure facilitates the underwater movement of these animals, which can reach speeds of up to 50 kilometers per hour (km/h).

There has been much discussion about which groups of terrestrial mammals are most closely related to cetaceans, but so far no definitive conclusion has been reached, despite the use of modern molecular analysis techniques. However, there is a consensus that the closest group is probably the ungulates, for example deer and camels (artiodactyls), and tapirs, hippopotamuses, horses and cows (perisodactyls) (Fig. 5). This does not mean that the present day artiodactyls and perisodactyls are the direct ancestors of the cetaceans, but rather that a group within the ungulates is the basis of both, probably the artiodactyls, according to most researchers.

The Order Cetacea includes three suborders: **Archaeoceti** or "ancestral whale", now extinct and of which only fossils are known; **Mysticeti**, the "toothless" or "baleen" whales, which include 11 living species; and **Odonceti** or "toothed whales", the most diverse group, with 73 living species, among them the dolphins, porpoises and toothed whales.

In addition to a wide range of anatomical, physiological and ecological differences, toothed whales and toothless whales differ in two fundamental aspects:

- Mysticetes have baleens or plates that are suspended from the roof of the mouth, while the Odoncetes have teeth.

- Mysticetes have two nasal openings or nares (called blowholes or spiracles) and the Odoncetes only one. In both cases the blowholes are situated on the head.

In Costa Rica and the rest of the Central American countries, five species of Mysticetes have been observed and recorded (although at least two more species are expected) and 23 species of Odoncetes.

DESCRIPTION OF THE SUBORDERS OF CETACEANS

The Order Cetacea is composed of the living suborders Mysticeti and Odontoceti. The families found in Costa Rica and other Central American countries are shown with an asterisk.

SUBORDER MYSTICETI   MYSTICETI

This suborder is made up of four modern families of "whales with plates" in the mouth (also called "toothless" or "baleen" whales, Fig. 6): Balaenidae, Balaenopteridae, Eschrichtiidae and Neobalaenidae, with six genera and 11 species in total.

Family Balaenidae*   Balaenids

This family consists of the true whales. Balaenids are characterized by having large heads that make up almost one-third of the length of the body. The mouth is large, with a highly arching jawline accommodating extremely large plates, of a black to white color. This family consists of two genera: *Eubalaena*, with two species, and *Balaena*, with one species.

Family Balaenopteridae*   Balaenopterids

These are generally known as rorquals or dorsal fin whales. They are the most abundant and diverse compared with the other species of Mysticeti. There are two very distinctive forms in this family: rorquals or finbacks (such as the blue whale) and humpback whales. Nevertheless, the family as a whole has defined characteristics, for example the type of dorsal fins, flippers and flukes, grooves on the throat and the chest and a more or less triangular head differentiated from the rest of the

soldarse entre sí, ante la necesidad de fortalecer su estructura hidrodinámica, dándole al cuerpo una forma redondeada, alargada y más estrecha en los extremos (fusiforme).

En los cetáceos, los miembros posteriores (patas y cola) se han fusionado en una cola aplanada dorso-ventralmente y extendida lateralmente en dos lóbulos, siendo éste el órgano propulsor durante el nado (Fig. 3). Esta estructura facilita el desplazamiento subacuático de estos animales, que pueden alcanzar velocidades de hasta 50 kilómetros por hora (km/h).

Se ha discutido mucho acerca de cuales grupos de mamíferos terrestres están más emparentados con los cetáceos, pero no se ha llegado a una conclusión definitiva pese al uso de técnicas modernas de análisis molecular. No obstante, existe consenso en que el grupo más cercano es el de los ungulados, como venados y camellos (artiodáctilos) y dantas, hipopótamos, caballos y vacas (perisodáctilos) (Fig. 5). Esto no quiere decir que los artiodáctilos y los perisodáctilos actuales sean los ancestros directos de los cetáceos, sino que un grupo dentro de los ungulados está en la base de ambos, presumiblemente los artiodáctilos, según la mayoría de los investigadores.

El Orden Cetacea incluye tres subórdenes: **Archaeoceti** o "ballena ancestral", ya extinta y de la cual sólo se conocen fósiles; **Mysticeti** o "ballenas sin dientes o barbadas", que incluye 11 especies vivientes; y **Odonceti** o "ballenas dentadas", el grupo más diverso, con 73 especies vivientes, entre ellas los delfines, las marsopas y las ballenas con dientes.

Además de una gran variedad de diferencias anatómicas, fisiológicas y ecológicas, las ballenas con dientes y las ballenas sin dientes difieren en dos aspectos fundamentales:

- Los Misticetos tienen barbas o placas que cuelgan del cielo de la boca, mientras que los Odoncetos tienen dientes.
- Los Misticetos tiene dos orificios de respiración (llamados narinas o espiráculos) y los Odoncetos solo uno. En ambos casos los orificios están situados sobre la cabeza.

En Costa Rica y los demás países centroamericanos se han observado y registrado cinco especies de Misticetos (aunque se espera que haya al menos dos más) y 23 especies de Odoncetos.

Descripción de los subórdenes de cetáceos

El Orden Cetacea está compuesto por los subórdenes vivientes Mysticeti y Odontoceti. Las familias que se encuentran en Costa Rica y otros países de América Central se señalan con un asterisco.

SUBORDEN MYSTICETI   MISTICETOS

Este suborden está compuesto por cuatro familias modernas de "ballenas con placas en la boca" (también "ballenas sin dientes" o "barbadas", Fig. 6): Balaenidae, Balaenopteridae, Eschrichtiidae y Neobalaenidae, con seis géneros y 11 especies en total.

Familia Balaenidae*   Balénidos

Esta familia agrupa a las ballenas verdaderas. Los balénidos se caracterizan por el gran tamaño de su cabeza, que constituye casi la tercera parte de la longitud del cuerpo. La boca es grande, con una comisura muy arqueada donde se acomodan placas extremadamente grandes, de tonalidades entre negro y blanco. Esta familia tiene dos géneros: *Eubalaena*, con dos especies, y *Balaena*, con una especie.

Familia Balaenopteridae*   Balaenoptéridos

Se les llama generalmente rorcuales o ballenas de aleta dorsal. Son las más abundantes y diversas en comparación con las otras especies de misticetos. En esta familia se pueden distinguir dos formas muy diferentes: los rorcuales (como la ballena azul) y la ballena jorobada o jibarte. No obstante, la familia en conjunto tiene características definidas, como aletas dorsales, pectorales y una aleta caudal, pliegues en la garganta y el pecho y una cabeza más o menos triangular diferenciada del resto del cuerpo. Los rorcuales tienen una silueta hidrodinámica y elegante. Las especies de esta familia se pueden diferenciar de otras por el color de las placas, las variaciones en el tamaño y la

Figura 5 / *Figure 5*

Hipótesis de las relaciones entre cetáceos y varios grupos de ungulados
(a) Basado en datos moleculares / (b) y (c) Basado en datos morfológicos
(d) Basado en una combinación de datos molecualres

Hypothesis of the relationship between cetaceans and various groups of ungulates.
(a) Based on molecular data / (b) and (c) Based on morphological data
(d) Based on a combination of molecular data

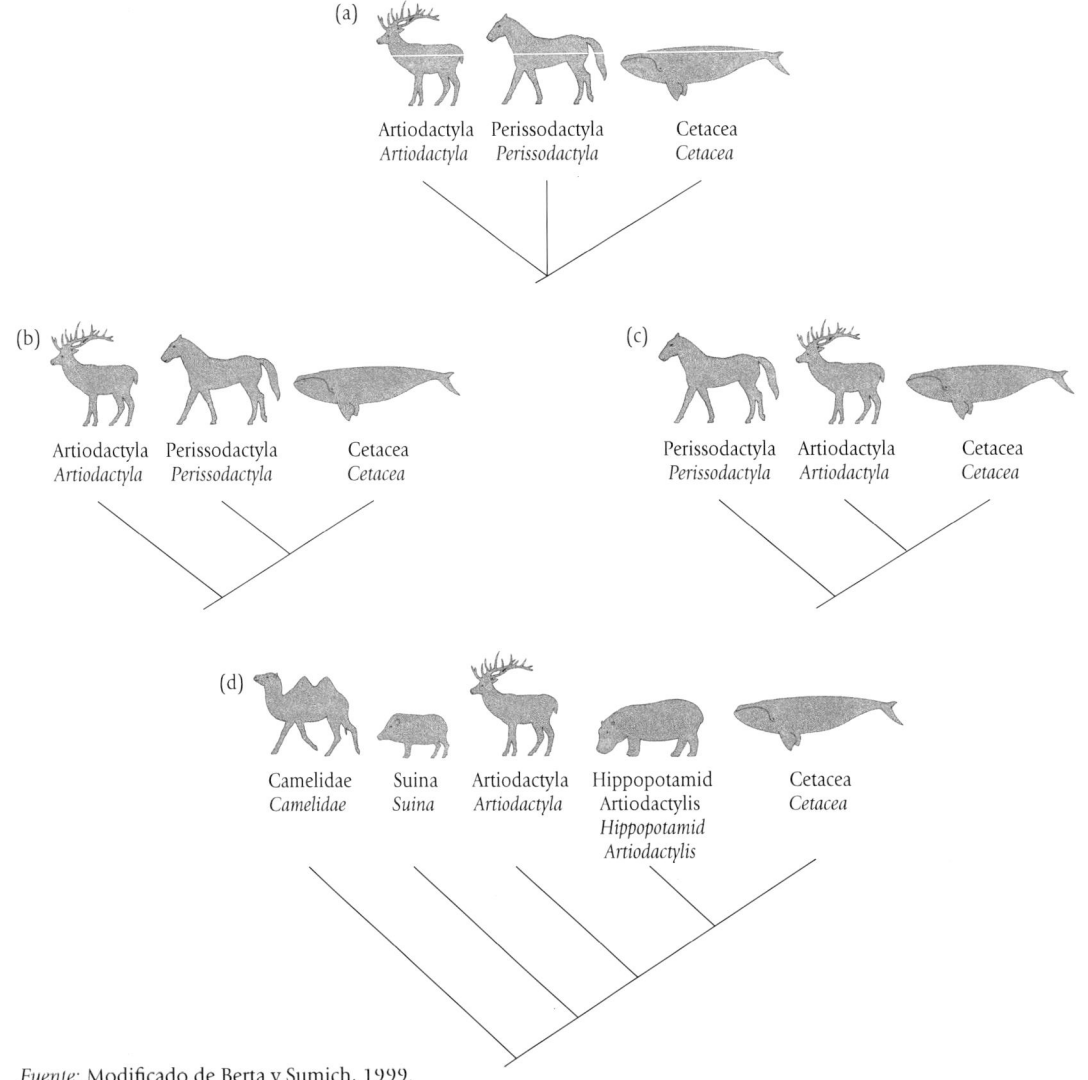

Fuente: Modificado de Berta y Sumich, 1999.

Figura 6 / *Figure 6*
Vista de la boca de los cetáceos (ballenas) sin dientes y con dientes.
The mouths of toothless and toothed cetaceans (whales), showing the baleens or plates and the teeth.

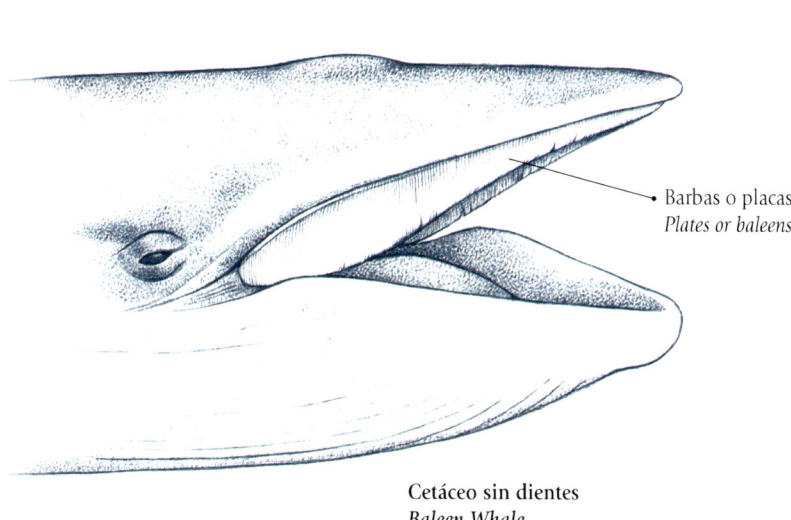

Barbas o placas
Plates or baleens

Cetáceo sin dientes
Baleen Whale

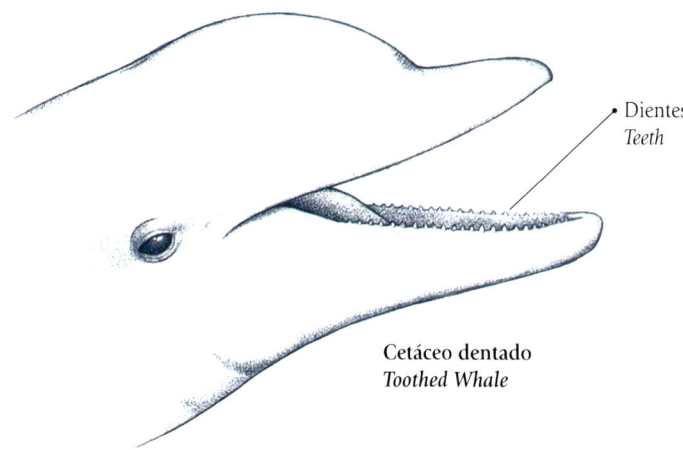

Dientes
Teeth

Cetáceo dentado
Toothed Whale

body. Rorquals have a hydrodynamic and elegant silhouette. Species of this family can be differentiated from others by the color of their plates and variations in the size, shape and pigmentation of the dorsal fin and the flippers. This family has two genera and six species.

Family Eschrichtiidae

This family is represented by a single species, *Eschrichtius robustus* (the Gray Whale), and is restricted to the waters of the north Pacific. It has a small dorsal fin, followed by a small hump and a series of medium-sized bumps or ridges on the back. Large whales have 2-4 folds or pleats on the throat, compared with the numerous pleats of the balaenopterids (Balaenopteridae). The plates are less numerous, narrow and white, unlike the family Balaenidae, which has dark plates.

Family Neobalaenidae   Neobalaenids

These are the smallest whales of the suborder Mysticeti; they measure around 4 m in length and are found only in the southern hemisphere. Their skull architecture is very different to that of the other families, with a broad occipital bone and a shorter, less arched mouth containing short plates. Another important difference with the balaenids is the presence of a dorsal fin and longitudinal folds or pleats on the throat. They also have a relatively small head in relation to the rest of the body, proportionally short humerous and flippers with four digits instead of five. This family has only one species, *Caperea marginata*.

SUBORDER ODONTOCETI   ODONTOCETES

The majority of the toothed whales belong to this suborder, and are so called because they have simplified teeth. In some species, the adults have very numerous teeth and this also differentiates them from the Mysticetes. Odontocetes have a wide variety of morphologies and come in large and small sizes. They dive both in shallow and deep waters. They may have few or many teeth, sometimes sword-shaped like those of fish, with which they trap their prey. Another difference between the Odontoceti and the Mysticeti is that the former only have one blowhole – except for the Sperm Whale, which has two nasal passages that join into one before reaching the upper skull.

The Odontoceti have an adipose structure called "melon" on the upper part of the skull. The melon is more closely associated with the echolocation system present in some mammals (such as bats). The suborder Odontoceti is represented in the world by 10 families, 35 genera and 73 species. In Costa Rica and the rest of Central America four families have been described (Ziphiidae, Physeteridae, Kogiidae and Delphinidae) and 23 species. Below is a description of the 10 families existing in the world.

Family Physeteridae*

Only one species of this family survives: *Physeter macrocephalus*, known as the Sperm Whale. This species has a long and large skull, with a great bulbous area above the cranium containing the spermaceti organ. This species has also lost one or both of its nasal bones. The term "Sperm Whale" is derived from the belief that this whale carries its semen in its head. The Sperm Whale is the largest toothed whale species, growing to a length of up to 19 meters and weighing up to 70 tons. It is the only known vertebrate that dives to great depths of 3,000 meters or more, and can remain submerged for up to 138 minutes.

Family Ziphiidae*

This little-known but diversified family of toothed whales has 19 species. These species frequent deep waters but occasionally become stranded or run aground on the shore. They are characterized by an extremely small number of teeth, so much so that at least three species only have a pair in the lower jaw, a morphological adaptation to feeding habits based on cephalopods. They have an elongated beak-like snout, and for this reason are also known as Beaked Whales. Another characteristic of this family is the reduced size or total absence of the median notch in the flukes. This family includes species of the genera *Mesoplodon*, *Berandius*, *Hybutodon*, *Ziphius* and *Tasmacetus*.

forma y pigmentación de la aleta dorsal y las aletas pectorales. Tiene dos géneros y seis especies.

Familia Eschrichtiidae

Es una familia representada por una sola especie, *Eschrichtius robustus* (ballena gris), y está restringida a las aguas del océano Pacífico norte. Tiene una pequeña aleta dorsal, seguida de una joroba pequeña y una serie de bultos medianos en el dorso. Las ballenas grises tienen 2-4 surcos en la garganta, en comparación con los numerosos surcos de los balaenoptéridos (Balaenopteridae). Las placas son menos numerosas, angostas y de color blanco en comparación con la familia Balaenidae, que las tiene de color oscuro.

Familia Neobalaenidae   Neobalénidos

Son las ballenas más pequeñas del suborden Mysticeti; miden alrededor de 4 m de longitud y se encuentran sólo en el hemisferio sur. Tienen una arquitectura craneal muy diferente a la de las otras familias, con un escudo occipital ancho y corto y una boca menos arqueada que da cabida a placas cortas. Otra diferencia importante con los balénidos es la presencia de una aleta dorsal y surcos longitudinales sobre la garganta, además de tener una cabeza relativamente pequeña con respecto al cuerpo, los húmeros proporcionalmente cortos y las manos con cuatro dígitos en vez de cinco. Esta familia tiene una sola especie, *Caperea marginata*.

SUBORDEN ODONTOCETI   ODONTOCETOS

A este suborden pertenece la mayoría de las ballenas dentadas, llamadas así porque tienen dientes simplificados, los cuales en algunas especies son muy numerosos en la edad adulta y eso también las diferencia de los misticetos. Los odondocetos poseen una amplia variedad de morfologías y tamaños grandes y pequeños. Bucean tanto en la superficie como en aguas profundas. Poseen dientes desde escasos hasta numerosos, a veces en forma de espada como los de los peces, con los cuales atrapan a sus presas sin tragarlas. Otra diferencia de los Odontoceti con respecto a los Mysticeti es que sólo tienen un orificio de respiración (narina), con excepción del cachalote, que tiene dos conductos nasales que se unen en uno solo.

Los Odontoceti poseen en la parte superior del cráneo una estructura adiposa llamada "melón", que está relacionado con el sistema de ecolocalización que tienen algunos mamíferos (como los murciélagos). El suborden Odontoceti está representado en el mundo por 10 familias, 35 géneros y 73 especies. En Costa Rica y el resto de América Central se han registrado cuatro familias (Ziphiidae, Physeteridae, Kogiidae y Delphinidae) y 23 especies. A continuación se describen las 10 familias existentes en el mundo.

Familia Physeteridae*

De esta familia sólo sobrevive una especie: *Physeter macrocephalus*, llamada cachalote. El cachalote posee un cráneo largo y grande, con una gran base supracraneal donde se encuentra el órgano espermaceti, además hay pérdida de uno o ambos huesos nasales. El término "ballena de esperma", con el cual también se le conoce, se deriva de la creencia de que lleva el semen en la cabeza. El cachalote es la especie de ballena dentada de mayor tamaño, alcanza una longitud de hasta 19 metros y puede pesar 70 toneladas. También es el único vertebrado conocido que bucea a grandes profundidades, de 3.000 metros o más, y puede permanecer allí hasta 138 minutos.

Familia Ziphiidae*

Es una familia poco conocida, pero diversificada, de ballenas dentadas y tiene 19 especies. Son de aguas profundas y ocasionalmente se varan o encallan en las costas. Se caracterizan por una reducción extrema del número de dientes, tanto que al menos tres especies sólo poseen un par en la mandíbula inferior, una adaptación morfológica que responde al tipo de alimentación a base de cefalópodos. Tienen un hocico alargado como un pico, por eso también se les conoce como ballenas picudas. Otra de sus características es la reducción o ausencia total de la hendidura media en la aleta caudal. A esta familia pertenecen las especies de los géneros *Mesoplodon*, *Berandius*, *Hyperoodon*, *Ziphius* y *Tasmacetus*.

Family Kogiidae*

These cetaceans are known as Pygmy or Dwarf Sperm Whales, because they do not measure more than 4 m, and they are related to the family of Sperm Whales (Physeteridae). In the Kogiidae, the supracraneal base is smaller than in the Sperm Whales; they also have a shorter beak than the latter. At present, two species exist: *Kogia simus* and *Kogia breviceps*.

The following four families (Platanistidae, Pontoporiidae, Iniidae and Lipotidae) represent river and estuary dolphins. The similarities between them (such as the small eyes) are the result of a convergent evolution, in other words, of the adaptation of animals of different origins to the same environment (murky waters).

Family Platanistidae

These dolphins inhabit the rivers of Asia. The family has only two species: *Platanista gangetica*, known as the Blind Dolphin of the River Ganges, which is threatened with extinction; and *Platanista minor*, known as the Indian River Dolphin. They have a characteristic long, narrow beak, with numerous sharp teeth and broad pectoral fins or flippers that resemble tennis rackets.

Family Pontoporiidae

This family is represented by a single species, *Pontoporia blainvillei*, called Franciscana Whale or La Plata River Dolphin, which is restricted to the South Atlantic waters off the central coast of South America (Argentina). The vertices of its skull are practically symmetrical, and it generally has a long snout and numerous small teeth.

Family Iniidae

It is composed by freshwater dolphins that only live in the Amazon River Basin. They have small eyes, and an extremely elongated beak and jaw; the jawbone is displaced laterally and does not come into contact with the bones nasal. The front teeth are conical and the back teeth are of a molar type. They have a type of crest on the upper frontal part of the skull. This family has a single species, *Inia geoffrensis*, known as *boutu* or *boto*.

Family Lipotidae

This family has only one species, *Lipotes vexillifer*, known as the Chinese River Dolphin, which lives in the Yangtze River in China. It has a characteristic long, narrow snout and a small, slender dorsal fin, with broad, rounded flippers and very small eyes.

Family Delphinidae*   Delphinids

This is the most diversified family of cetaceans, with 17 genera and 36 species of dolphins, killer whales and pilot whales. Most dolphins are of small to medium size, measuring 1.5 to 4.5 meters long. The Orca (Killer Whale), more than 9 meters long, is really a giant among them. The delphinids have lost the posterior sac of the nasal passage; the posterior part of the premaxilla is reduced and does not make contact with the nasal bone.

Family Phocoenidae

This is the family of the porpoises, with three genera and six species. They have a protuberance, or boss, on the premaxilla that does not extend beyond the nostrils. They are differentiated from the rest of the odontocetes by their spatula-shaped body and somewhat conical teeth.

Family Monodontidae

This family is represented by two living species: *Monodon monoceros*, known as the Narwhal, and *Delphinapterus leucas*, known as the Beluga. The Narwhal is easily distinguished by the presence of a sharp spiraling tusk or horn in the males, which is sometimes present in the females. It has been suggested that the narwhal's tusk may have given rise to the legend of the unicorn, a horse with pointed hooves, a lion's tail and a horn on the forehead that is reminiscent of the narwhal's tusk. The Beluga is characterized by being totally white. Both species exclusively inhabit the Artic.

Familia Kogiidae*

A estos cetáceos se les conoce como cachalotes pigmeos o enanos, porque no llegan a medir más de 4 m; están emparentadas con la familia de los cachalotes (Physeteridae). Kogiidae posee una base supracraneal anterior en el cráneo, pero más pequeña que la del cachalote; también tiene un hocico más corto que éste. Existen en la actualidad dos especies: *Kogia simus* y *Kogia breviceps*.

Las siguientes cuatro familias (Platanistidae, Pontoporiidae, Iniidae y Lipotidae) representan a los delfines de río y estuarios. Las similitudes entre ellas (como los ojos reducidos) son el resultado de una evolución convergente, es decir, de las adaptaciones de animales de diferentes orígenes al mismo ambiente (aguas turbias).

Familia Platanistidae

Estos delfines habitan los ríos de Asia. Esta familia sólo tiene dos especies: *Platanista gangetica*, llamada delfín ciego del río Ganges, que está amenazado de extinción; y *Platanista minor*, conocida como delfín de río de la India. Se caracterizan por tener un hocico largo y angosto, con numerosos dientes afilados, y aletas pectorales anchas como raquetas de tenis.

Familia Pontoporiidae

Es una familia representada por una sola especie, *Pontoporia blainvillei*, llamada ballena franciscana o delfín del río de La Plata, la cual está restringida a las aguas del Atlántico sur en la costa central de Sudamérica (Argentina). Tiene los vértices del cráneo prácticamente simétricos, un hocico por lo general largo y numerosos dientes pequeños.

Familia Iniidae

Está compuesta por delfines de agua dulce que habitan sólo en la cuenca del río Amazonas. Tienen los ojos reducidos, el hocico y la mandíbula son extremadamente alargados, el maxilar está desplazado lateralmente y no entra en contacto con los huesos nasales. Los dientes frontales son cónicos y los posteriores son de tipo molar. Poseen una especie de cresta en la parte delantera superior del cráneo. Esta familia tiene una sola especie, *Inia geoffrensis*, conocida como boutu o boto.

Familia Lipotidae

Esta familia sólo tiene una especie, *Lipotes vexillifer*, llamada delfín chino de río, que habita en el río Yangtzé en China. Se caracteriza por tener un hocico largo y estrecho y una aleta dorsal pequeña y delgada, con aletas pectorales amplias y redondeadas y ojos muy pequeños.

Familia Delphinidae*   Delfínidos

Es la familia más diversificada de los cetáceos, con 17 géneros y 36 especies de delfines, orcas y calderones. La mayoría de los delfines es de tamaño pequeño a mediano, mide 1,5 a 4,5 metros de longitud. La orca, con más de 9 metros de largo, es realmente un gigante entre ellos. Los delfínidos perdieron el saco posterior del conducto nasal y se les redujo la parte posterior izquierda al final de la premaxila, la cual no hace contacto con el hueso nasal.

Familia Phocoenidae

Es la familia de las marsopas, con tres géneros y seis especies. Poseen una protuberancia en la premaxila que no se extiende más allá de los orificios de la respiración. Se diferencian de los demás odontocetos por tener el cuerpo en forma de espátula y los dientes algo cónicos.

Familia Monodontidae

Esta familia está representada por dos especies vivientes: *Monodon monoceros*, llamada narval, y *Delphinapterus leucas*, conocida como beluga. El narval se distingue fácilmente por la presencia de un colmillo espiralado y agudo en los machos, que a veces también está en las hembras. Se ha sugerido que el colmillo del narval pudo haber dado origen a la leyenda del unicornio, un caballo con pezuñas puntiagudas, cola de león y un cuerno en la frente que recuerda el colmillo del narval. La beluga se caracteriza por ser totalmente blanca. Ambas especies habitan exclusivamente en el Ártico.

General characteristics of cetaceans

Cetaceans are not the only marine mammals – at present some 122 mammal species depend on the ocean for all or most of their vital needs. The marine mammals that in some measure depend on the sea are represented by three orders: 1. Cetacea, consisting of dolphins, whales and porpoises; 2. Carnivora, made up of pinnipeds (seals, sea-lions and walruses), the sea otter and the polar bear; and Sirenia, composed of manatees and dugongs.

Contrary to popular belief, cetaceans are not large fish but mammals adapted to a totally aquatic life, unlike some members of the Order Carnivora, such as seals, walruses and otters, which can spend a long time out of the water. Like their terrestrial relations, cetaceans are warm-blooded animals. However, their hemoglobin concentration is high compared with terrestrial mammals, and for this reason they have a greater capacity to store oxygen and this allows them to remain submerged for a long time – for as long as two hours in the case of the Sperm Whale.

Cetaceans do not have fur like most mammals. However, when they are born they have small hairs on the snout that disappear within a few days. Since respiration takes place through the lungs, they need to come up to the surface to breathe. The displacement of the nostrils is another of their typical features. In terrestrial mammals these orifices are located at the end of the snout, and breathing occurs through these and through the mouth; but in cetaceans, the mouth plays no part whatsoever in respiration, which occurs through the blowholes, orifices situated in the upper part of the head that close during immersion (Figs. 7 and 8). Some species of cetaceans have two blowholes (mysticeti) and others only one (odontoceti). The type and length of the spout or blow expelled by whales as they breathe helps to identify the species in the sea.

Cetaceans do not have sebaceous glands and the sweat glands are absent or are reduced. However, the epithelial cells produce drops of blubber that rise from the basal layers towards the upper stratum of the epidermis, where they spread along the entire surface of the skin, making it more elastic and giving it an oily appearance. This facilitates the displacement of water along the body and allows the animal to move without resistance in the water. Another important adaptation that allows cetaceans

Figura 7 / *Figure 7*
Diagrama del desplazamiento de los orificios nasales en los cetáceos en comparación con un mamífero terrestre
Diagram showing the displacement of the nasal orifices (nostrils) in cetaceans compared with a terrestrial mammal

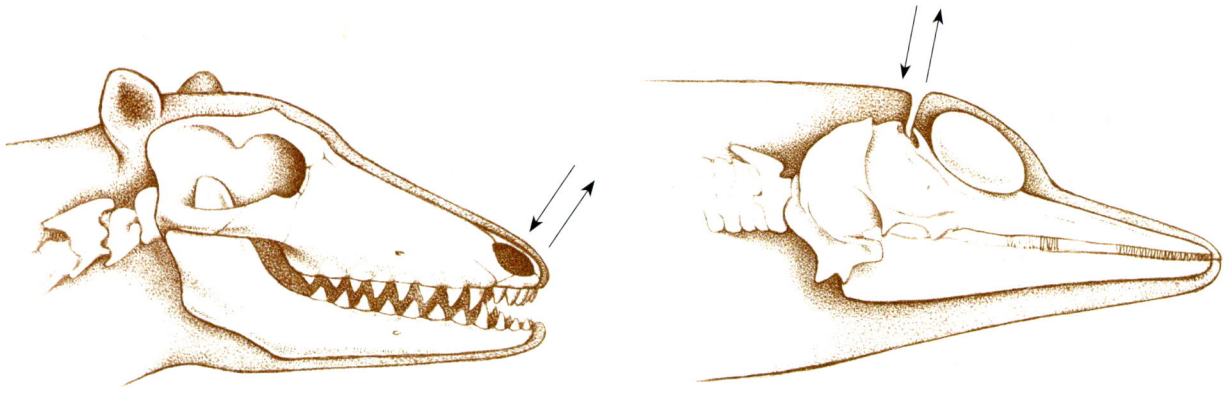

Características generales de los cetáceos

Los cetáceos no son los únicos mamíferos marinos, ya que en la actualidad cerca de 122 especies de mamíferos dependen del océano para todas o la mayoría de sus necesidades vitales. Los mamíferos marinos que en alguna medida dependen del mar están representados por tres órdenes: 1. Cetacea, compuesto por delfines, ballenas y marsopas; 2. Carnivora, formado por los pinnípedos (focas, leones marinos y morsas), la nutria de mar y el oso polar; y 3. Sirenia, formado por los manatíes y los dugongs.

Los cetáceos, contrariamente a la creencia popular, no son peces grandes sino mamíferos adaptados a una vida totalmente acuática, a diferencia de algunos miembros del Orden Carnivora, que pueden pasar mucho tiempo fuera del agua, como las focas, las morsas y las nutrias. Igual que sus parientes terrestres, los cetáceos son animales de sangre caliente, pero su concentración de hemoglobina es alta en comparación con los mamíferos terrestres, por eso tienen mayor capacidad de almacenar oxígeno y eso les permite estar sumergidos durante mucho tiempo, incluso más de dos horas como en el caso del cachalote.

Los cetáceos no poseen pelaje como la mayoría de los mamíferos, sin embargo, al nacer tienen pequeños pelos en el hocico que desaparecen a los pocos días. Su respiración es pulmonar, por eso necesitan salir a la superficie para respirar. El desplazamiento de los orificios nasales es otro de sus rasgos típicos. En los mamíferos terrestres estos orificios se encuentran en el extremo del hocico, permitiendo la respiración a través de ellos y de la boca; pero en los cetáceos, la boca no interviene para nada en la respiración, que se realiza a través de las narinas, unos orificios situados en la parte superior de la cabeza que se cierran durante la inmersión (Figs. 7 y 8). Algunas especies de cetáceos tienen dos orificios (misticetos) y otras sólo uno (odontocetos). En las ballenas, el tipo y la longitud del chorro o soplido que expelen al respirar ayuda a identificar las especies en el mar.

Los cetáceos no tienen glándulas sebáceas y las glándulas sudoríferas están ausentes o son reducidas. Sin embargo, las células

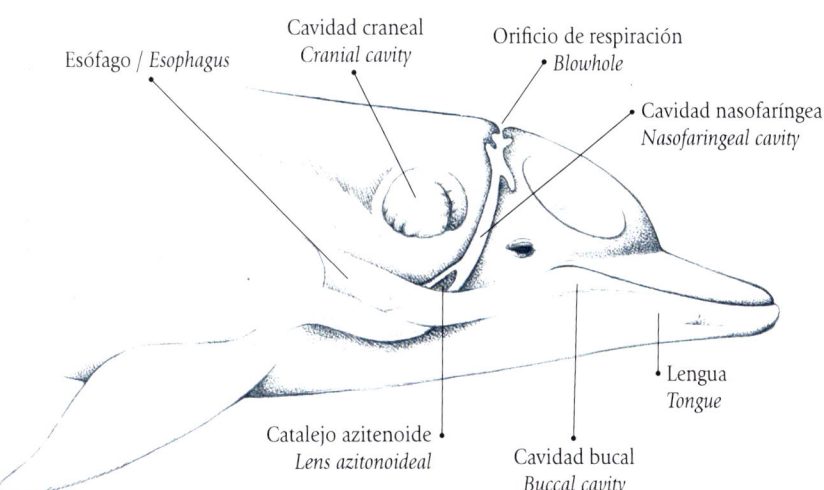

Figura 8 / *Figure 8*
Esquema de la cabeza de un cetáceo donde se muestra el sistema de respiración
Head of a cetacean showing the respiratory system

Figura 9 / *Figure 9*
Diagrama que muestra el funcionamiento de las placas o bargas de una ballena durante el proceso de alimentación
Diagram showing the functioning of the plates or baleens of a whale during the feeding process.

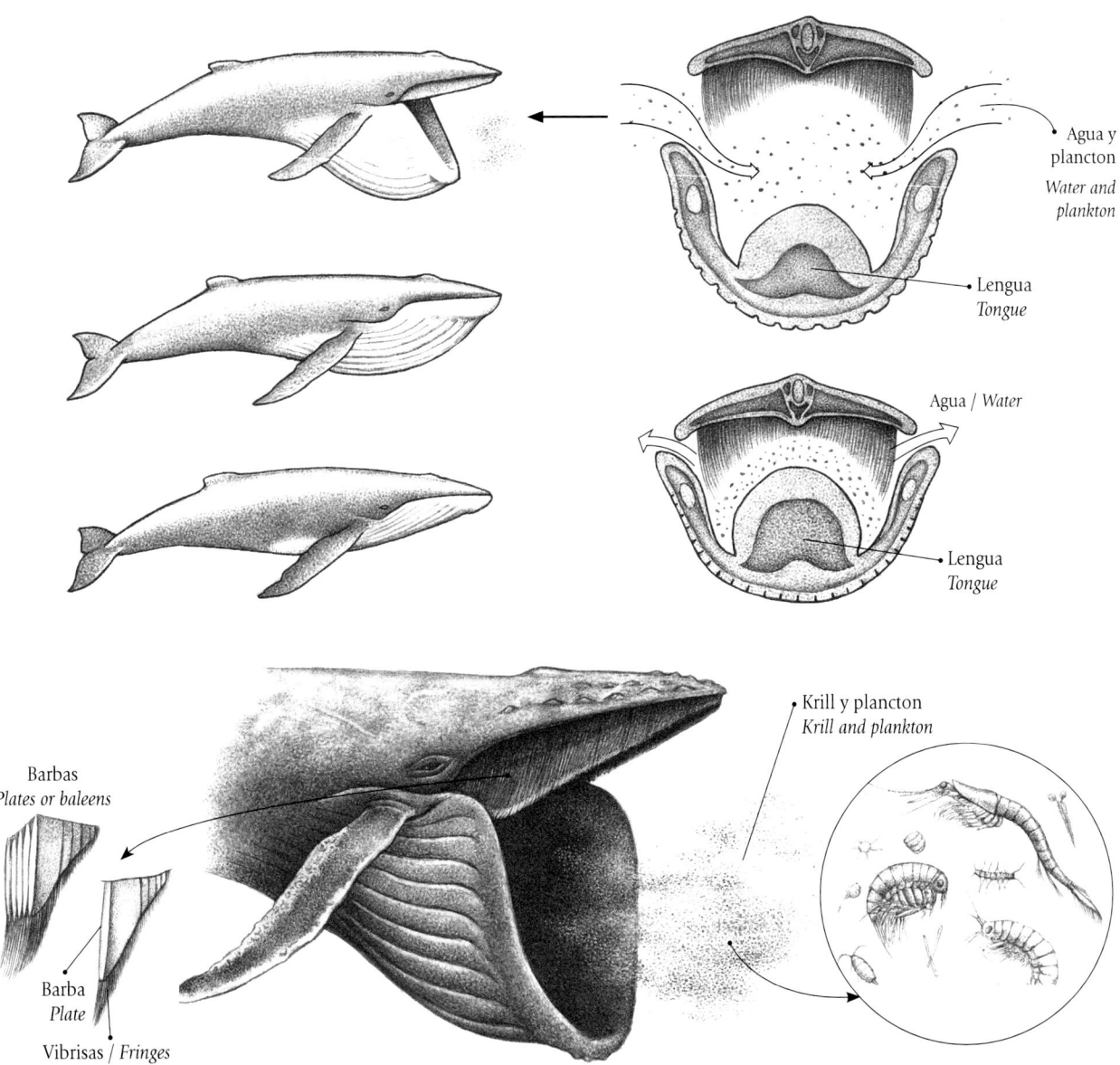

Principales rasgos morfológicos de un cetáceo
Main morphological features of a cetacean

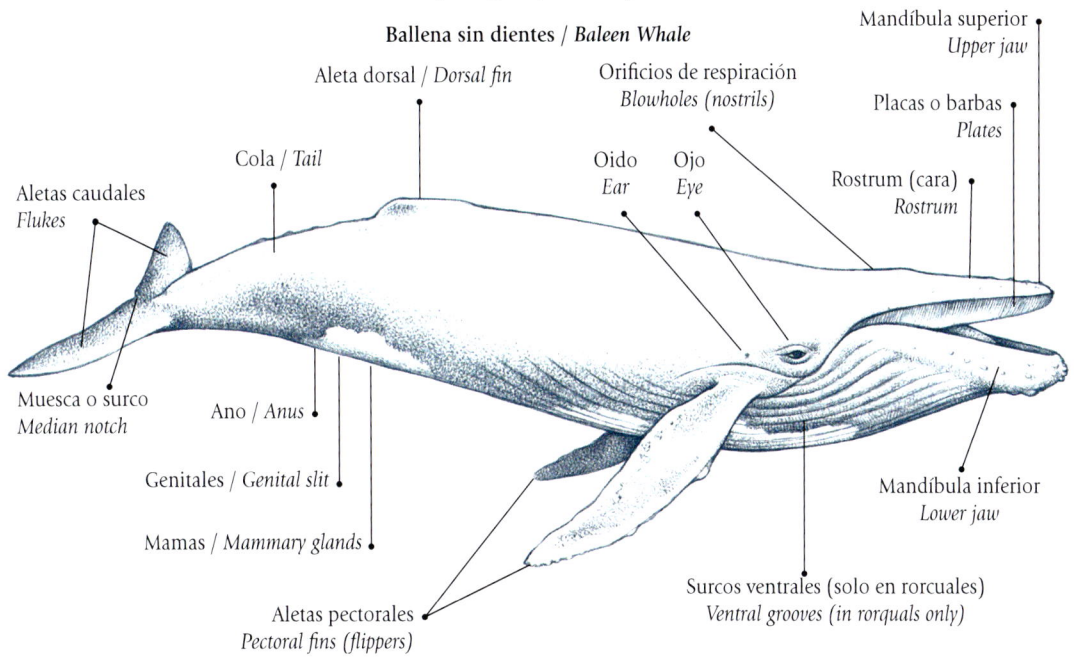

Ballena sin dientes / *Baleen Whale*

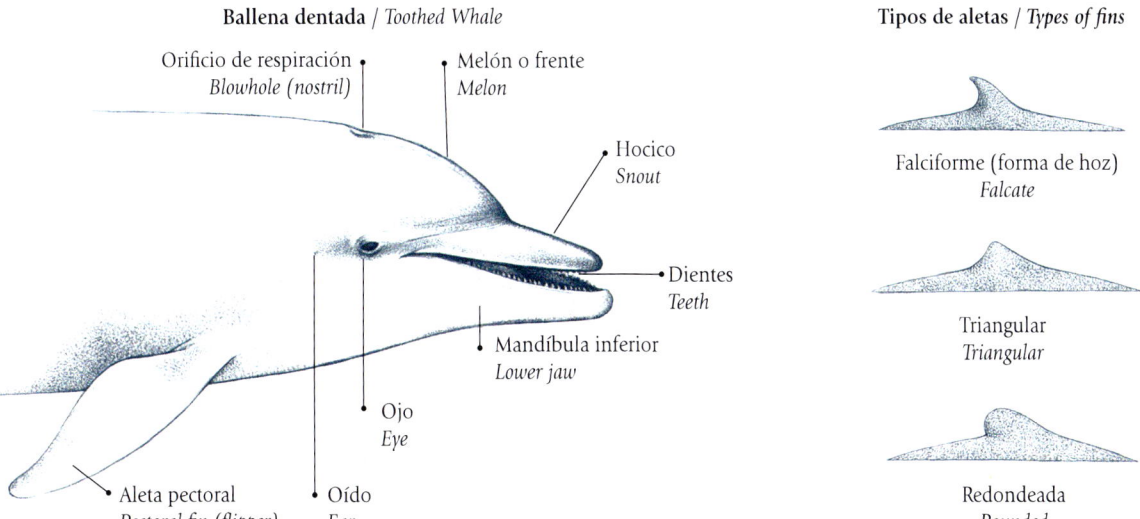

Ballena dentada / *Toothed Whale*

Tipos de aletas / *Types of fins*

Falciforme (forma de hoz) / *Falcate*

Triangular / *Triangular*

Redondeada / *Rounded*

Fuente: American Cetacean Society.

Many odontocetes have a melon, a structure made from adipose tissue, on the upper part of the head, whose size varies according to the species. In some species, the melon helps the echolocation and orientation system to function. Cetaceans do not have external ear flaps, but they do have middle and inner ears with an auditory canal, like all mammals. Cetaceans produce sounds that carry over short and long distances to communicate with individuals of the same species; in many species these sounds are used to detect food and to navigate.

Most cetaceans sleep occasionally while they float on the surface of the sea, keeping the upper part of the head out of the water to be able to breathe. Some large whales sleep so deeply that they do not notice boats passing nearby, and they may also be dragged towards shallow waters. Dolphins and porpoises apparently rest and take frequent naps, but they do not sleep deeply.

STRANDING OR BEACHING

The stranding or beaching of cetaceans is a phenomenon as ancient as the Order Cetacea itself, and is currently the focus of scientific interest. There are two types: single strandings involving one individual and mass strandings involving many individuals. Stranding occurs when one or several cetaceans intentionally swim towards the shore, or are trapped in shallow waters due to the effects of the tides and, being unable to return to deep waters, they die. Animals that die at sea and are washed ashore by the action of the ocean currents or the tides are not considered to be stranded.

Among the explanations given for the mass stranding of cetaceans are the presence of non-lethal infections due to parasites in the respiratory tract, the brain and the middle ear; a wide range of bacterial and viral infections and panic when escaping from predators (among them humans). Another explanation is that these mammals have an ancestral instinct to return to dry land, while the most anecdotal theory is that of a mass suicide. A last explanation is that animals become disorientated when they are to move swiftly is a lachrymal mucous secretion that extends backwards from the eyes, forming an extensive layer on the sides of dolphins.

Some species have simplified teeth (Odontoceti) while others do not have any teeth (Mysticeti), though they have similar structures called baleens or plates. These plates are composed of keratin, the same substance that fingernails are made of, and develop from the epidermis of the roof of the mouth; they are almost triangular, hang vertically and each one has bristles or vibrissae like fringes on the inner edge. The vibrissae of adjacent plates can interlock with each other and are essential to feeding in these whales.

Toothless whales feed in at least three ways, according to the species: 1) they open the mouth wide and take in a large amount of water, then close the mouth and expel the water, using the vibrissae to collect the plankton and the fish on which they feed; 2) they swim with their mouth half open, allowing water to flow in through the gap created in front of the mouth, between two rows of plates, they filter out the water and leave the food particles inside; 3) they use suction, which is created when they press the tongue against the palate to attract water and food inside the mouth, then expel the water outwards with another movement of the tongue (Figure 9).

In cetaceans, the entire **reproductive process** occurs in the sea or in rivers. The male reproductive system is not external but is invaginate (retracted inside the body) and only emerges when copulation takes place (Fig. 10). In females, the mammary glands are almost entirely invaginate and very large (Fig. 10). Females nearly always give birth to a single calf, which is delivered in the same way as the majority of the terrestrial mammals, i.e. tail first and head last, with folded fins, which are deployed immediately after birth (Fig. 11). As soon as the umbilical cord breaks, the newborn swims to the surface for its first breath. The gestation period lasts 11 months, on average. Lactation is also different from terrestrial mammals – cetaceans do not have lips but females have special muscles that expel the milk through the nipples, to which the calf attaches itself to feed (Fig. 12).

epiteliales producen gotas de grasa que ascienden desde las capas basales hacia el estrato superior de la epidermis, donde están a lo largo de toda la superficie de la piel, haciéndola más elástica y dándole una apariencia grasosa; esto facilita el desplazamiento del agua a lo largo del cuerpo y le permite al animal desplazarse sin resistencia en el agua. Otra adaptación importante que les permite a los cetáceos nadar velozmente es una secreción mucosa lacrimal que se extiende hacia atrás de los ojos, formando una extensa capa sobre los costados de los delfines.

Algunas especies poseen dientes simplificados (Odontoceti) y otras no tienen dientes (Mysticeti), sin embargo, tienen estructuras similares llamadas barbas o placas. Estas placas están compuestas de queratina, la misma sustancia que forma las uñas, y se desarrollan a partir de la epidermis del cielo de la boca; son casi triangulares, cuelgan verticalmente y cada una tiene en el borde interno cerdas o vibrisas a manera de flecos. Las vibrisas de las placas adyacentes pueden entrecruzarse entre sí y son fundamentales en la alimentación de las ballenas.

Las ballenas sin dientes se alimentan al menos de tres formas, según la especie: 1) abren la boca ampliamente y toman una gran cantidad de agua, a continuación cierran la boca y expulsan el agua, recogiendo con las vibrisas el plancton y los peces de los cuales se alimentan; 2) nadan con la boca entreabierta, dejando fluir el agua a través del vacío que se crea frente a la boca entre dos hileras de placas, sacan el agua y dejan adentro las partículas de alimentos; 3) utilizan la succión, que se crea cuando presionan la lengua contra el paladar para atraer agua y alimento dentro de la boca, luego expulsan el agua hacia fuera con otro movimiento de la lengua (Figura 9).

Todo el **proceso reproductivo** de los cetáceos ocurre en el mar o en los ríos. El aparato reproductor de los machos no es externo sino que está invaginado y sólo sale cuando ocurre la cópula (Fig. 10). Las hembras poseen mamas casi invaginadas en su totalidad y de grandes dimensiones (Fig. 10). Casi siempre paren una sola cría, a la cual expulsan de manera inversa igual que la mayoría de los mamíferos terrestres, esto es, primero la cola y por último la cabeza, con todas las aletas dobladas, que se despliegan inmediatamente después del nacimiento (Fig. 11). Tan pronto se rompe el cordón umbilical, la cría sube a la superficie para su primera respiración. El período de gestación dura en promedio 11 meses. La lactancia también es diferente a los mamíferos terrestres, los cetáceos no tienen labios pero las hembras poseen músculos especiales que expulsan la leche por los pezones, a los cuales se adhiere la cría para alimentarse (Fig. 12).

Muchos odontocetos tienen la mencionada estructura de tejido adiposo en la parte superior de la cabeza (melón), cuyo tamaño varía según la especie. En algunas especies, el melón ayuda al funcionamiento del sistema de ecolocalización y orientación. Los cetáceos no tienen orejas, pero sí oídos con un conducto auditivo, como todos los mamíferos. Los cetáceos producen sonidos que alcanzan distancias tanto cortas como largas y con los cuales se comunican con individuos de la misma especie; en muchas especies estos sonidos se utilizan para detectar alimento y orientarse.

La mayoría de los cetáceos duermen ocasionalmente mientras flotan en la superficie del mar, manteniendo la parte alta de la cabeza afuera para poder respirar. Algunas ballenas grandes duermen tan profundamente que las embarcaciones les pasan cerca y no se dan cuenta, también pueden ser arrastradas hacia aguas poco profundas. Aparentemente, los delfines y las marsopas descansan y toman siestas con frecuencia, pero no se duermen profundamente.

Varamientos o encallamientos

Los varamientos o encallamientos son un fenómeno tan ancestral como el Orden Cetacea, y en la actualidad es el foco del interés científico. Se distinguen dos tipos: el de individuos solitarios y el de muchos individuos o varamiento en masa. Se habla de varamiento cuando uno o varios cetáceos nadan intencionalmente hacia la playa o quedan atrapados en aguas someras (poco profundas) por efectos de las mareas, al quedar imposibilitados de regresar a aguas profundas, mueren. El hecho de que lleguen a la playa animales que han muerto mar adentro y fueron arrastrados por las corrientes marinas o las mareas, no se considera un varamiento.

Figura 10 / *Figure 10*
Comparación externa de los órganos sexuales de los cetáceos
External comparison of the sexual organs of cetaceans

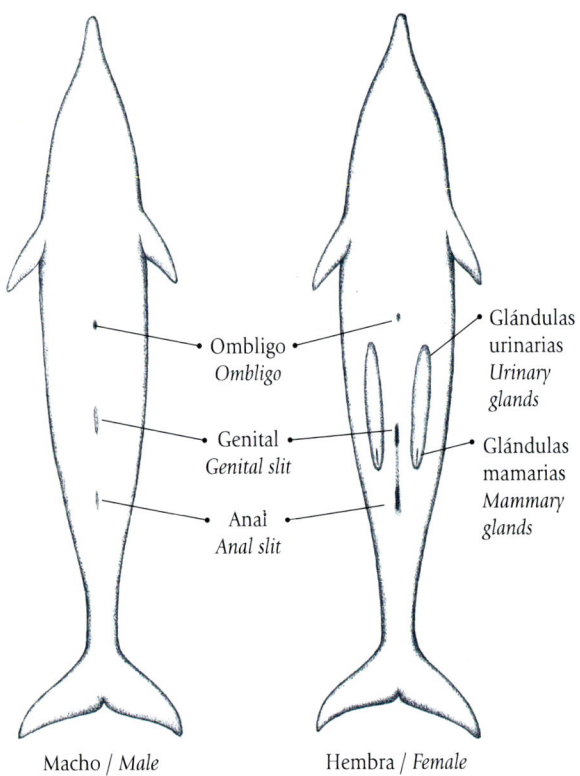

Ombligo / *Ombligo*
Genital / *Genital slit*
Anal / *Anal slit*
Glándulas urinarias / *Urinary glands*
Glándulas mamarias / *Mammary glands*

Macho / *Male*   Hembra / *Female*

Figura 11 / *Figure 11*
Esquema del nacimiento de un cetáceo
Diagram showing the birth of a cetacean

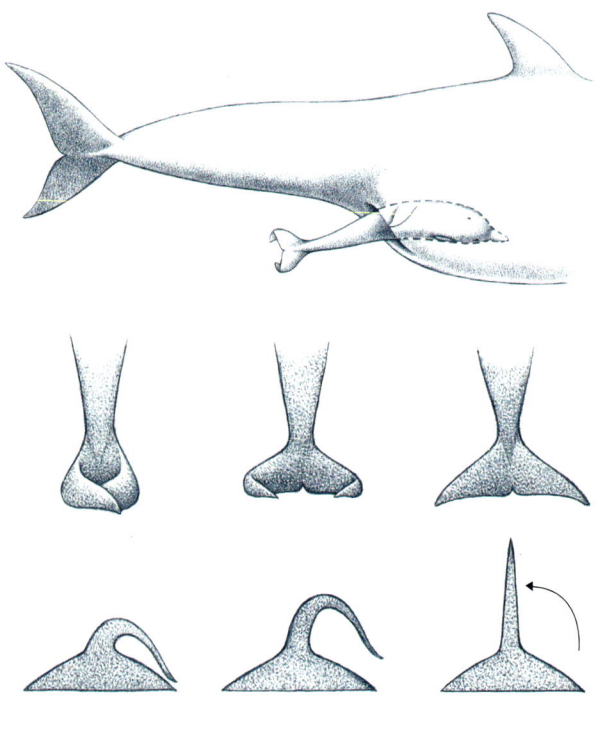

near the shore, due to the confusion of their own echolocation signals with the Earth's geomagnetic fields.

This last explanation seems to make more sense scientifically, since it is based on the supposition that cetaceans can detect the direction or the intensity (or both) of the Earth's magnetic field (geomagnetism). Furthermore, in many species of small cetaceans biological magnetic detectors have been found (small iron oxide crystals and magnetite) in the skull, muscles, bones and adipose tissue (blubber). The magnetite crystals serve to continuously guide the whales in line with the Earth's magnetic field, like a compass. A sensitive change in the orientation of those crystals induces whales to change their direction of travel, a useful ability during the great migrations. Normally the Earth's magnetic fields run from north to south with a uniform intensity. However, in some places, the magnetic field is distorted by certain types of geological formations, such as valleys, hills and other formations rich in iron; these distortions are called geomagnetic anomalies.

This last explanation has received a certain amount of scientific support, because many documented cases of mass strandings have occurred in places where geomagnetic anomalies are present.

Figura 12 / *Figure 12*
Manera de alimentación de un cría de cetáceo en comparación con un mamífero terrestre
Feeding method of a calf cetacean and of a calf terrestrial mammal

Llama / *Llama* Delfín / *Dolphin*

Entre las explicaciones de los varamientos en masa de cetáceos están la presencia (no letal) de infecciones por parásitos en los tractos respiratorios, el cerebro y el oído medio; una amplia gama de infecciones bacteriales y virales y el pánico al escapar de los depredadores (entre ellos los humanos). Otra explicación apunta a un instinto ancestral de estos mamíferos de regresar a tierra firme, mientras que la más anecdótica es la de un suicidio en masa. Una última explicación es la desorientación de los animales cuando están cerca de las orillas, debido a la confusión de sus propias señales de ecolocalización con los campos geomagnéticos de la Tierra.

Esta última explicación parece tener más sentido científicamente, ya que se basa en la suposición de que los cetáceos pueden detectar la dirección o la intensidad (o ambas) del campo magnético de la Tierra (geomagnetismo). Además, en muchas especies de cetáceos pequeños se han encontrado detectores magnéticos biológicos (pequeños cristales de óxido de hierro y magnetita) en el cerebro, músculos, huesos y material adiposo (grasa). Los cristales de magnetita sirven para orientar continuamente a las ballenas en línea con el campo magnético de la Tierra, como una brújula. Un cambio sensitivo en la orientación de esos cristales induce a las ballenas a modificar la dirección de su viaje, una habilidad útil durante las grandes migraciones. Normalmente los campos magnéticos de la Tierra corren de norte a sur con una intensidad uniforme. Sin embargo, en algunos lugares, el campo magnético está distorsionado por ciertos tipos de formaciones geológicas, como valles, colinas y otras ricas en hierro; estas distorsiones se llaman anomalías geomagnéticas.

Esta última explicación encontró cierto grado de sustento científico, porque muchos casos documentados de varamientos en masa ocurrieron en lugares donde están presentes las anomalías geomagnéticas.

Several dolphin and whale species have been identified in mass strandings. The list is long and some of them are the Bottlenose Dolphin (*Tursiops truncatus*), the Short-Finned Pilot Whale (*Globicephala macrorhynchus*), the Pygmy Sperm Whale (*Kogia breviceps*), the Sperm Whale (*Physeter macrocephalus*), the Gray Whale (*Eschirichtius robustus*) and Blainsville's Beaked Whale (*Mesoplodon densirostris*).

In recent years, at least 11 species of cetaceans have been found stranded in Costa Rica on the Pacific coast (Quepos, Golfo Dulce, Golfo de Papagayo, the Osa Peninsula, Bahia Ballena) and Manzanillo on the Caribbean coast. Of these, *Steno bredanensis* holds the record for the largest number of stranded individuals (37), followed by *Stella attenuata* and *S. coeruleoalba*, with six and eight individuals, respectively. Other species that have been found stranded – though with few individuals– are *Globicephala macrorhynchus*, *Physeter macrocephalus*, *Tursiops truncatus*, *Stenella* sp., *Orcinus orca*, *Balaenoptera edeni* and *Balaenoptera borealis*. The results of necropsies conducted on some individuals show the presence of pesticides in quantities that are sometimes greater than those found elsewhere.

Exploitation

Human exploitation of cetaceans dates back to Neolithic times and probably began with the recovery of stranded animals. Various populations began hunting the different species of cetaceans found close to their shores. Among the first were the Basques (the Euskaldun people) in the twelfth century. Populations living along the Basque coast and parts of the Bay of Biscay (Cantabrian Sea) based much of their economy on hunting the Northern Right Whale, also called whale of the Basques (*Eubalaena glacialis*), and their kings even levied taxes on each animal captured. The Eskimos are another people who have hunted cetaceans for centuries, They mainly hunt the narwhal and the Greenland whale (*Balaena mysticetus*).

The Japanese began commercial whaling in the sixteenth century. Since then, the activity has been characterized by overfishing and has led to a substantial reduction in the size of whale populations. At the beginning of the nineteenth century the New England whalers joined the hunt, extending their activity to the Pacific and Indian Oceans, killing mainly Sperm Whales (*Physeter macrocephalus*), Pilot Whales (*Globicephala* spp., *Hybutodon* spp.), Gray Whales (*Eschrictius robustus*) and Northern Right Whales (*Eubalaena glacialis*) with hand-held harpoons and spears.

The invention of the canon-fired harpoon during the last third of the nineteenth century (1864) marked the beginning of the modern era of commercial whaling. This device brought about a revolution in hunting methods, reduced the risk to humans, and cetaceans were easily caught and died more quickly thanks to the explosive carried by the harpoon. Together with the use of much faster steam boats and the compressed air

Tursiops truncatus — Miguel Iñíguez

En los varamientos en masa se han registrado varias especies de delfines y ballenas. La lista es larga y algunas de ellas son el delfín hocico de botella (*Tursiops truncatus*), el calderón tropical (*Globicephala macrorhynchus*), el cachalote pigmeo (*Kogia breviceps*), el cachalote (*Physeter macrocephalus*), la ballena gris (*Eschirichtius robustus*) y el ballenato picudo (*Mesoplodon densirostris*).

En los últimos años, en Costa Rica se han registrado varamientos de al menos 11 especies de cetáceos en la costa pacífica (Quepos, Golfo Dulce, Golfo de Papagayo, Península de Osa, Bahía Ballena) y Manzanillo en el Caribe. De estas, *Steno bredanensis* fue la que registró el mayor número de individuos encallados (37), seguida de *Stella attenuata* y *S. coeruleoalba*, con seis y ocho individuos, respectivamente. Otras especies que se han encontrado varadas, aunque con pocos individuos, son *Globicephala macrorhynchus*, *Physeter macrocephalus*, *Tursiops truncatus*, *Stenella* sp., *Orcinus orca*, *Balaenoptera edeni* y *Balaenoptera borealis*. Los resultados de las necropsias de algunos individuos muestran la presencia de plaguicidas en cantidades a veces superiores a las encontradas en otros lugares.

Explotación

El aprovechamiento de los cetáceos por los humanos se remonta al período Neolítico y debió iniciarse con la recuperación de animales varados. Diversos pueblos comenzaron la captura de las distintas especies de cetáceos que se encontraban en las inmediaciones de sus costas. Uno de los primeros fue el pueblo Euskaldún (vascos) en el siglo XII. La población de la costa vasca y zonas del mar Cantábrico basó gran parte de su economía en la captura de la ballena franca, también llamada ballena de los vascos (*Eubalaena glacialis*), incluso los reyes cobraban impuestos por cada animal capturado. Otro pueblo que ha capturado cetáceos durante siglos es el esquimal, que atrapa principalmente el narval y la ballena de Groenlandia (*Balaena mysticetus*).

Los japoneses iniciaron la caza comercial de cetáceos en el siglo XVI. Desde entonces, la actividad se ha caracterizado por la pesca excesiva y ha provocado una sustancial reducción en el tamaño de las poblaciones. A comienzos del siglo XIX irrumpieron en la caza los balleneros de Nueva Inglaterra, que extendieron su actividad a los océanos Pacífico e Índico, matando principalmente cachalotes (*Physeter macrocephalus*), calderones (*Globicephala* spp., *Hyperoodon* spp.) ballenas grises (*Eschrictius robustus*) y ballenas francas (*Eubalaena glacialis*) con arpones de mano y lanzas.

Con la invención del cañón lanza-arpones durante el último tercio del siglo XIX (1864), se inicia la era moderna de la caza comercial. Esto significó una revolución en los métodos de caza, el riesgo humano disminuyó, los cetáceos eran fácilmente alcanzados y morían más rápidamente gracias al explosivo que llevaba el arpón. Junto con la utilización del barco de vapor, mucho más rápido, y la técnica de aire comprimido (usado para llenar de aire a las ballenas cazadas y facilitar su flotabilidad y arrastre), la industria ballenera afectó brutalmente las poblaciones de balenoptéridos (como la ballena azul, *Balaenoptera musculus*), prácticamente intactas hasta ese momento por su gran tamaño.

La invención de la popa con rampas en 1925 dio origen a las flotas-factorías pelágicas, que permitían procesar a la ballena totalmente en alta mar, produciéndose un aumento dramático en las capturas. Así por ejemplo, la ballena azul pasó de 167 capturas anuales en 1910 a 37.000 en 1931, y la población comenzó a declinar significativamente a mediados de 1950. En 1966 sólo se mataron 70 individuos de esta especie en todo el mundo; esto motivó a los barcos-factorías a explotar especies de ballenas pequeñas, pero abundantes, con el mismo y terrible impacto final.

En la actualidad, la captura de cetáceos se realiza con dos técnicas diferentes, que producen distintos impactos sobre sus poblaciones. Las dos grandes naciones balleneras (Japón y Rusia) usan flotas pelágicas, constituidas por un gran buque-factoría y una serie de embarcaciones de menor tamaño que se encargan de la caza y de llevar los animales hasta el buque-factoría o nodriza, donde son procesados íntegramente. Este tipo de flotas opera principalmente en el Antártico y, por su

technique (utilized to pump air into the hunted whales to make them float and facilitate towing), the whaling industry brutally decimated populations of balaenopterids (such as the Blue Whale, *Balaenoptera musculus*), a species that had been practically intact to that moment because of its enormous size.

The invention of the stern ramp in 1925 gave rise to the deep sea factory-ships that made it possible to completely process whales on the high seas, producing a dramatic increase in catches. In the case of the blue whale, for example, catches soared from 167 per year in 1910 to 37,000 in 1931, and populations began to decline significantly by the mid 1950s. In 1966, only 70 blue whales were killed in the whole world and, as a result, the factory-ships began to exploit small but abundant whale species with the same terrible final impact.

Nowadays, two different techniques are employed to hunt cetaceans, producing different impacts on their populations. The two large whaling nations (Japan and Russia) use oceanic or pelagic fleets that consist of a large factory-ship plus a group of smaller vessels that hunt the animals and transport them to the factory-ship or supply ship, where they are completely processed. These fleets operate mainly in the Antarctic and their high level of self-sufficiency allows them to engage in long campaigns lasting many months. Onshore factories process modest catches from waters off the European coasts, particularly Spain (Galicia) and Iceland; these are small, low tonnage vessels that ply the coasts near factories and when they catch two or three animals they take them to the coastal factories for processing. Nowadays, very sophisticated methods and procedures are commonly employed to hunt cetaceans, such as electronic tracking using planes and helicopters, which makes hunting more efficient. Obviously, the populations are decimated with much greater ease and speed. The situation facing some species is so alarming that many voices have been raised in their defense by organizations dedicated to conservation and by countries in favor of a total moratorium on whaling.

Studies carried out in 1998 by non-governmental organizations (NGOs) in the markets of Japan and South Korea, where whale meat is still sold today, yielded alarming results. Using DNA analysis, it was discovered that species such as the Blue Whale (*Balaenoptera musculus*), the common Rorqual (*Balaenoptera physalus*), the Minke Whale (*Balaenoptera acutorostrata*), Bryde's Whale (*Balaenoptera edeni*) and the Humpback Whale (*Megaptera novaeangliae*), along with about 14 types of dolphins, were on the list of species offered for sale. With the exception of the Minke whale and dolphins, commercial hunting of cetaceans is prohibited under international law. The last whale meat imports recorded for Japan reveal 820 tons of whale meat from Iceland.

Another area of conflict in human exploitation of cetaceans is keeping them in captivity. Among the species most frequently used for this purpose are Bottlenose Dolphins (*Tursiops truncatus*), Killer Whales (*Orcinus orca*), False Killer Whales (*Pseudorca crassidens*) and Belugas (*Delphinapterus leucas*), but also the Tucuxi (*Sotalia fluviatilis*), the Spinner Dolphin (*Stenella longirostris*), the Striped Dolphin (*Stenella coeruleoalba*), the Common Dolphin (*Delphinus delphis*) and the La Plata River Dolphin (*Pontoporia blaivillei*). Although captive cetaceans have helped to change the image of certain species, such as the orca, have brought humans into closer contact with these marine animals and have contributed to research, captivity has also caused problems in certain populations, by reducing their number. Some species never adapt to captivity, such as Pilot Whales (*Globicephala* spp., *Hybutodon* spp.), River Plate Dolphins (*Pontoporia blaivillei*) and certain dolphins have a high mortality rate when kept in captivity. Between 1985 and 1998, 134 Orcas or Killer Whales were kept in captivity, and on average these animals died at six years of age. In their natural habitat, Killer Whales can live for 35 years. Obviously captivity reduces their longevity and for this reason some countries, including Great Britain, have banned this practice.

CONSERVATION

Two centuries ago, the oceans were inhabited by large populations of whales, but now these and the dolphin populations have been exterminated in many areas or reduced

gran autonomía, permiten largas campañas de muchos meses. Las factorías terrestres corresponden a capturas modestas en las costas europeas, principalmente España (Galicia) e Islandia; estas son embarcaciones de poco tonelaje que recorren las costas vecinas a las factorías y cuando atrapan dos o tres animales los llevan a las factorías costeras para su procesamiento. Hoy en día se utilizan medios muy sofisticados en la caza de cetáceos; son comunes procedimientos como el rastreo electrónico usando aviones y helicópteros, lo cual ha permitido una mayor eficacia en las capturas. Evidentemente, las poblaciones son diezmadas con mucha mayor facilidad y velocidad. La situación de algunas especies es tan alarmante que se han alzado muchas voces de organizaciones dedicadas a su conservación, así como de países a favor de una moratoria total en la captura de cetáceos.

Estudios realizados en 1998 por organizaciones no gubernamentales en los mercados de Japón y Corea del Sur, donde se comercializa aún hoy la carne de ballena, arrojaron resultados alarmantes. Utilizando análisis de ADN, se determinó que especies como la ballena azul (*Balaenoptera musculus*), el rorcual común (*Balaenoptera physalus*), el rorcual aliblanco (*Balaenoptera acutorostrata*), el rorcual de Bryde (*Balaenoptera edeni*) y la ballena jorobada (*Megaptera novaeangliae*), además de unas 14 especies de delfines, estaban en la lista de las que se ofrecían para la venta. A excepción del rorcual aliblanco y los delfines, el resto de los cetáceos no se puede capturar comercialmente según la legislación internacional. La última importación registrada por Japón señala 820 toneladas de carne de ballena de Islandia.

Otro punto conflictivo en la explotación de los cetáceos es su mantenimiento en cautiverio. Las especies más utilizadas con este fin son el delfín hocico de botella (*Tursiops truncatus*), las orcas (*Orcinus orca*), las falsas orcas (*Pseudorca crassidens*) y las belugas (*Delphinapterus leucas*), pero también se pueden encontrar el tucuxi (*Sotalia fluviatilis*), el delfín girador (*Stenella longirostris*), el delfín listado (*Stenella coeruleoalba*), el delfín común (*Delphinus delphis*) y el delfín del río de La Plata (*Pontoporia blaivillei*). A pesar de que los cetáceos cautivos han contribuido al cambio de imagen de algunas especies como la orca, han acercado a los humanos a estos animales marinos y han contribuido a la investigación, también han causado algunos inconvenientes en ciertas poblaciones, al reducirlas. Por otro lado, hay especies que jamás se adaptan al cautiverio, como los calderones (*Globicephala* spp., *Hyperoodon* spp.), el delfín del río de La Plata (*Pontoporia blaivillei*) y algunos delfines, que presentan una alta mortalidad en cautiverio. Entre 1985 y 1998 fueron mantenidas en cautiverio 134 orcas, las cuales murieron a los seis años de edad en promedio. En su medio natural, las orcas pueden vivir unos 35 años. Obviamente el cautiverio reduce su longevidad y por este motivo algunos países, como Inglaterra, prohibieron esta práctica.

Physeter macrocephalus   Laura May Collado

Conservación

Hace dos siglos, los mares estaban habitados por grandes poblaciones de ballenas, pero en la actualidad tanto éstas como los delfines han sido exterminados en muchas áreas o reducidas a niveles críticos en otras. Aunque en los últimos tiempos no se ha extinguido ninguna especie, muchas poblaciones quedaron aisladas. Las poblaciones de la ballena gris (*Eschirichtius robustus*) en el Atlántico norte fueron diezmadas. En Europa casi

Tursiops truncatus — Miguel Iñíguez

to critical levels in others. Although no species has been extinguished in recent years, many populations have been isolated. The Gray Whale populations (*Eschirichtius robustus*) of the North Atlantic were decimated. In Europe hardly any Bowhead Whales (*Balaena mysticetus*) are left and in the North Pacific both the Northern Right Whale (*Eubalaena glacialis*) and the Gray Whale (*E. robustus*) have practically disappeared. In fact, few species can live without being affected by human activities. Furthermore, the viability of a population depends on the health of an ecosystem, and the present threats of pollution in our oceans makes the survival of these animals more difficult all over the world.

The first agreements to protect marine mammals were signed in 1911 and in 1946 the International Whaling Commission (IWC), the leading international organization for the protection of cetaceans, was created. This agreement was ratified two years later by more than 30 countries. Initially, the IWC was the body responsible for establishing hunting quotas and minimum catch sizes, as well as banning the hunting of females with calves. However, due to a lack of scientific backing and its inability to carry out inspections, the nations that opposed the agreement continued to hunt. In 1979, faced with the dramatic threat to the Blue Whale (*Balaenoptera musculus*), the IWC secured an agreement to close down the whaling ships (factories), allowing only the regulated harvesting of Minke Whales (*B. acutorostrata*) in the Antarctic. This measure helped to prevent the imminent extinction of large whales such as the Blue Whale, the Gray Whale (*Eschirichtius robustus*), the Northern Right Whale (*Eubalaena glacialis*), the Greenland Whale (*Balaena mysticetus*) and the Sperm Whale (*Physeter macrocephalus*). In 1982, the IWC agreed to a total moratorium on whaling, effective from 1986, to conduct an evaluation of the whale populations. Norway, Japan, Russia and South Korea opposed the moratorium, partially complying with it, but continuing to exploit whales in the North Atlantic. Japan and Norway authorized the killing of whales for "scientific" purposes, something that was called into question by the IWC. In 1994. the IWC agreed to review the procedure for estimating the number of whales that could be hunted without affecting the populations.

In addition to the IWC's efforts, there is the Convention on the International Trade in Endangered Species of Wild Fauna and Flora (CITES) that regulates the international trade in

no quedan ballenas de Groenlandia (*Balaena mysticetus*) y en el Pacífico Norte tanto la ballena franca (*Eubalaena glacialis*) como la ballena gris (*E. robustus*) prácticamente han desaparecido. En realidad, pocas especies pueden vivir sin ser afectadas por las actividades humanas. Además, la viabilidad de una población depende de la salud de un ecosistema, y la amenaza actual de contaminación de los océanos hace más difícil la supervivencia de estos animales en todo el mundo.

En 1911 se firmaron los primeros acuerdos para proteger a los mamíferos marinos y en 1946 se creó la Comisión Internacional Ballenera (IWC, por sus siglas en inglés), la principal organización mundial para la protección de los cetáceos. El acuerdo fue ratificado dos años después por más de 30 países. En sus inicios, la IWC se encargaba de asignar cuotas de caza y mínimos tamaños de captura, así como de prohibir la caza de hembras con crías. Debido al poco apoyo científico y a la incapacidad para realizar inspecciones, las naciones que objetaban el acuerdo continuaron la caza. Sin embargo, en 1979, ante la dramática situación de la ballena azul (*Balaenoptera musculus*), la IWC acordó el cierre de los barcos balleneros (factorías), excepto para una cosecha regulada del rorcual aliblanco (*B. acutorostrata*) en el Antártico. Esta medida ayudó a evitar la inminente extinción de los grandes rorcuales, como la ballena azul, la ballena gris (*Eschirichtius robustus*), la ballena franca (*Eubalaena glacialis*), la ballena de Groenlandia (*Balaena mysticetus*) y el cachalote (*Physeter macrocephalus*). En 1982, la IWC acordó una moratoria total de la caza a partir de 1986, hasta realizar una evaluación de las poblaciones. Noruega, Japón, Rusia y Corea del Sur objetaron la moratoria, acatándola parcialmente, pero continuaron explotando ballenas en el Atlántico Norte. Japón y Noruega autorizaron la matanza de ballenas con fines "científicos", lo cual fue cuestionado por la IWC. En 1994, la IWC aceptó revisar el procedimiento para estimar el número de ballenas que pueden ser cazadas sin que la actividad afecte las poblaciones.

Además de los esfuerzos de la IWC, existe la Convención sobre el Comercio Internacional de Especies Amenazadas de Fauna y Flora Silvestres (CITES), que regula el comercio internacional de especies amenazadas. CITES incluye todas las especies de cetáceos en los Apéndices I y II; el primero prohíbe el comercio de las especies amenazadas de extinción, el segundo se refiere a especies que no se consideran amenazadas de extinción pero pueden estarlo si el comercio no se regula. Para cumplir con las regulaciones de la CITES se requiere la participación de los gobiernos firmantes del tratado. Otra organización, la Unión Internacional para la Conservación de la Naturaleza (UICN), realiza esfuerzos para clasificar las especies según el grado de riesgo de extinción, con base en datos científicos sobre el tamaño de las poblaciones. La UICN estableció un grupo de especialistas en cetáceos (CSG), cuyo objetivo principal es sugerir recomendaciones para la conservación de las especies. A pesar de la cooperación resultante de la resolución adoptada por la CITES, la UICN y la IWC, el comercio ilegal de los productos derivados de las ballenas (como carne y grasa) sigue vigente.

Ecoturismo

La observación de las ballenas es un pasatiempo ancestral. El ecoturismo destinado a observar ballenas es una industria reciente y ha facilitado el contacto cercano de los humanos con ellas y con los delfines, principalmente con fines educativos y de conocimiento de la biodiversidad. Las actividades incluyen desde observaciones casuales de la migración, la alimentación y el cortejo hasta interacciones desde embarcaciones, avionetas o a nado en el agua. En 1991, cerca de cuatro millones de personas alrededor del mundo participaron en actividades recreativas de observación de ballenas. Para 1994 la cifra fue de 5.4 millones y esa actividad generó ingresos superiores a US$500 millones. En 1995, más de 50 países ofrecían giras turísticas específicamente para observar cetáceos.

La actividad de observar ballenas se inició en 1955, cuando el pescador estadounidense Chuck Chamberland comenzó a llevar turistas en su bote a observar ballenas grises, cobrándoles un dólar. Pronto esta actividad se expandió rápidamente en Estados Unidos y más tarde hacia países vecinos como Canadá y México. El avistaje comercial de cetáceos se realiza actualmente

endangered species. CITES includes all species of cetaceans in its Appendices I and II; the first prohibits the trade in endangered species and the second refers to species that are not considered to be endangered but that could be endangered if the trade is not regulated. Compliance with the CITES regulations requires the participation of all governments that have signed the agreement. Another organization, the World Conservation Union (IUCN), is currently engaged in efforts to classify species according to their level of risk of extinction, based on scientific data on the size of the populations. The IUCN has formed a group of experts in cetaceans (CSG), whose main task is to make recommendations for the conservation of the species. Despite the cooperation resulting from the resolution adopted by CITES, the IUCN and the IWC, the illegal trade in products derived from whales (meat and blubber) continues.

Ecotourism

Whale-watching is an ancestral pastime. Ecotourism that focuses on the observation of cetaceans is a recent industry that has made possible close encounters between humans and whales or dolphins, mainly for educational purposes and to promote knowledge of biodiversity. The activities range from the casual observation of migrations, feeding and courtship to interactions from boats and small planes or swimming with cetaceans in the water. In 1991, nearly four million people around the world took part in recreational whale and dolphin watching. In 1994 the figure was 5.4 million and this activity generated revenues of more than US$500 million. By 1995, more than 50 countries were offering tours specifically to observe cetaceans.

Whale watching began in 1955 when an American fisherman, Chuck Chamberland, began to take tourists out in his boat to observe gray whales, charging them one dollar. This activity spread rapidly, first in the United States and later to neighboring countries such as Canada and Mexico. Commercial cetacean spotting is now done in many other countries, such as Argentina, Gibraltar, South Africa, Sri Lanka and the Antarctic, though 66% of this activity is concentrated in the United States. The five countries with the highest growth rate in whale watching between 1991 and 1994 (with more than 40,000 cetacean watchers) are Argentina, Brazil, Spain, Japan and New Zealand. However, the greatest growth has taken place in South America with 117% annually, followed by Central America and the Caribbean with 111% and Asia with 88%.

In Central America (Costa Rica), commercial whale and dolphin watching began in the early 1990s. The most frequently observed species include the Bottlenose dolphin (*Tursiops truncatus*), the common dolphin (*Delphinus delphis*), several species of Spotted Dolphins (*Stenella* spp.), the Spinner Dolphin (*Stenella longirostris*), the Short-Finned Pilot Whale (*Globicephala macrorhynchus*), the Sperm Whale (*Physeter macrocephalus*), Bryde's Whale (*Balaenoptera edeni*) and the Humpback Whale (*Megaptera novaeangliae*). Some tourism operators and educational institutions such as the Organization for Tropical Studies (OTS) and Earthwatch offer tours to observe whales and dolphins, mainly in Guanacaste (Gulf of Papagayo), the Central Pacific (Ballena Marine National Park), the Osa Peninsula, Isla del Caño, Golfo Dulce and Isla del Coco. It is estimated that in 1995 this activity generated direct earnings of US$200.000 in Costa Rica and total revenues of US$250.000, with the visit of some 60,000 tourists.

However, some studies show that cetacean watching is not properly regulated and is causing changes in the behavior patterns of certain species. Some of the questions raised in this regard are: is this activity affecting the normal behavior of these animals? Does it constitute a form of harassment for them?

There is no doubt that watching cetaceans has effects, even though these may be minimal. Studies have been carried out to assess the impact of the presence of boats and other vessels, helicopters, small planes, etc. and the results point to short term effects, such an increase in their swimming speed and being forced to flee from feeding grounds, which affects their diving behavior.

The long term effects are not yet known. It is necessary to conduct detailed studies on behavior, survival, reproduction and movements, to determine whether the movement of the different vessels has a significant impact on cetacean populations.

en muchos otros países, como Argentina, Gibraltar, Suráfrica, Sri Lanka y en la Antártida, aunque en Estados Unidos se concentra el 66% del mismo. Los cinco países con mayor índice de crecimiento de esta actividad entre 1991 y 1994 (con más de 40.000 observadores de cetáceos) son Argentina, Brasil, España, Japón y Nueva Zelanda. Sin embargo, el mayor crecimiento se registra en América del Sur con el 117% anual, seguida de América Central y el Caribe con 111% y de Asia con 88%.

En Centroamérica (Costa Rica), esta actividad comenzó a principios de 1990 y las especies que más se observaron fueron el delfín hocico de botella (*Tursiops truncatus*), el delfín común (*Delphinus delphis*), varias especies de delfines manchados (*Stenella* spp.), el delfín girador (*Stenella longirostris*), el calderón tropical (*Globicephala macrorhynchus*), el cachalote (*Physeter macrocephalus*), el rorcual de Bryde (*Balaenoptera edeni*) y la ballena jorobada (*Megaptera novaeangliae*). Algunas compañías de turismo e instituciones educativas, como la Organización para Estudios Tropicales (OET) y Earthwatch, ofrecen giras para observar ballenas y delfines, principalmente en Guanacaste (Golfo de Papagayo), el Pacífico Central (Parque Nacional Marino Ballena), la Península de Osa, la isla del Caño, Golfo Dulce y la Isla del Coco. Se estima que en 1995 la actividad en Costa Rica generó ingresos directos por la suma US$200.000 y totales por US$250.000, con la visita de unos 60.000 turistas.

Sin embargo, algunos estudios señalan que esta actividad se lleva a cabo sin la adecuada regulación y está causando alteraciones en los patrones de comportamiento de algunas especies. Algunas de las interrogantes que surgen al respecto son: ¿está afectando el comportamiento normal de estos animales?, ¿constituye un hostigamiento para ellos?

No hay duda de que la observación de cetáceos tiene efectos, aunque sean mínimos. Se han realizado algunos estudios para evaluar el impacto que tiene la presencia de botes y otras embarcaciones, helicópteros, avionetas, etc. y los resultados apuntan a consecuencias a corto plazo, como el aumento en la velocidad de nado de los cetáceos y huir de los lugares de alimentación, lo cual afecta su comportamiento de buceo.

Los efectos a largo plazo no se conocen aún. Es necesario llevar a cabo estudios detallados sobre comportamiento, supervivencia, reproducción y movimientos, para determinar si el tránsito de las distintas embarcaciones tiene un impacto significativo en las poblaciones de cetáceos.

Stenella attenuata

Laura May Collado

Lista de especies incluidas en esta guía
List of species included in this guide

Entre parentesis se indica la página / *Page number is given in parenthesis*

SUBORDEN / *SUBORDER* MYSTICETI
FAMILIA / *FAMILY* BALAENIDAE
1. *Eubalaena glacialis* (42)

FAMILIA / *FAMILY* BALAENOPTERIDAE
2. *Balaenoptera musculus* (45)
3. *Balaenoptera physalus* (48)
4. *Balaenoptera borealis* (51)
5. *Balaenoptera edeni* (54)
6. *Balaenoptera acutorostrata* (57)
7. *Megaptera novaeangliae* (60)

SUBORDEN / *SUBORDER* ODONTOCETI
FAMILIA / *FAMILY* PHYSETERIDAE
8. *Physeter macrocephalus* (64)

FAMILIA / *FAMILY* ZIPHIIDAE
9. *Hyperoodon planifrons* (68)
10. *Ziphius cavirostris* (71)
11. *Mesoplodon densirostris* (74)
12. *Mesoplodon grayi* (76)

FAMILIA / *FAMILY* KOGIIDAE
13. *Kogia breviceps* (78)
14. *Kogia simus* (81)

FAMILIA / *FAMILY* DELPHINIIDAE
15. *Peponocephala electra* (84)
16. *Feresa attenuata* (87)
17. *Pseudorca crassidens* (90)
18. *Orcinus orca* (93)
19. *Globicephala macrorhynchus* (97)
20. *Steno bredanensis* (100)
21. *Sotalia fluviatilis* (104)
22. *Lagenodelphis hosei* (107)
23. *Delphinus delphis* (110)
24. *Tursiops truncatus* (114)
25. *Grampus griseus* (118)
26. *Stenella attenuata* (121)
27. *Stenella frontalis* (124)
28. *Stenella coeruleoalba* (127)
29. *Stenella longirostris* (130)
30. *Stenella clymene* (133)

Descripción de especies
Description of Species

Orcinus orca   Miguel Iñiguez

Eubalaena glacialis

Descripción: Cuerpo robusto y redondeado, alcanza 15-17 m de longitud y 78-106 toneladas de peso. La hembra es más grande que el macho. El cuerpo es negro a café, con algunas manchas irregulares en la garganta y el vientre. Las aletas pectorales son grandes y anchas, con los extremos de forma angular. La aleta caudal es ancha, lisa, cóncava en el borde posterior. La cabeza es grande, mide como una cuarta parte de la longitud del cuerpo. El rostrum (cara) es largo, estrecho y muy arqueado; los labios inferiores están fuertemente arqueados sobre el rostrum, con numerosos pelos sobre el mentón y la mandíbula superior. Presenta callosidades en el mentón, los labios y sobre los lados de la cabeza, las cuales están habitadas por colonias de cirripedios (piojos de ballena) que le dan a esa parte del cuerpo una apariencia blanca, anaranjada, amarillenta o rosada. El patrón de callosidades difiere entre los individuos. Tienen 250-350 placas en cada lado de la mandíbula superior, de unos de 2,8 m de longitud, negras o grises; las vibrisas son grisáceas.

Distribución: En los océanos Pacífico, Atlántico y Ártico, particularmente en aguas frías del Pacífico y el Atlántico. Desde las islas Azores, Madeira hasta el noreste de África. Desde Alaska hasta Baja California (México). Desde Siberia hasta China. Desde Escocia hasta Portugal y España. También en la Península de Valdéz en Argentina y en el Golfo de México. No existen registros para América Central, pero datos de varamientos en el Golfo de México sugieren que esta especie ocasionalmente puede entrar en aguas centroamericanas.

Hábitos: Es una especie migratoria, que se mantiene en aguas templadas en el invierno y emigra hacia los polos en verano y otoño. Animal poco gregario pero social, se encuentra solo o en pequeños grupos de 2-12 individuos. Puede nadar e interactuar con pequeños cetáceos y pinnípedos. Se han observado a madres "cansarse" de los juegos de sus crías, a las cuales sacan de la superficie con sus aletas pectorales. Es un nadador lento, puede alcanzar velocidades de 12 km/hr por cortos períodos. Aunque no es un buceador de profundidad, pues encuentra a sus presas en la superficie, puede permanecer sumergido hasta 20 minutos. Es un acróbata sorprendente, a menudo salta fuera del agua y cae sobre su espalda salpicando agua en todas direcciones, golpeando la aleta caudal contra el agua y "aplauden" con sus aletas pectorales. El chorro que sale de las narinas es espeso, en forma de V y puede medir 5 m de altura. Sus vocalizaciones se limitan a gemidos de baja frecuencia, semejantes a eructos.

Alimentación: La ballena franca es especialista, ya que se alimenta de una variedad de crustáceos, entre ellos krill

Northern Right Whale

Description: Has a robust, rounded body, grows to a length of 5-17 m and weighs 78-106 tons. The female is larger than the male. The body is black to brown, with some irregular spots on the throat and the belly. The flippers are large and broad, with angular ends. The flukes are broad, smooth and concave at the posterior margin. The head is large, measuring about a quarter of the body length. The rostrum (face) is long, narrow and very arched; the lower lips are strongly arched on the rostrum, with many hairs on the chin and the upper jaw. Callosities are present on the chin, lips and the sides of the head, which are inhabited by colonies of cirripeds (whale lice), giving this part of the body a white, orange, yellowish or pink appearance. The pattern of callosities differs among individuals. This species has 250-350 plates on each side of the upper jaw, measuring 2.8 m long, black or gray; the vibrissae are grayish.

Distribution: In the Pacific, Atlantic and Arctic Oceans, particularly in cold waters of the Pacific and Atlantic. From the islands of the Azores and Madeira to north east Africa. From Alaska to Baja California (Mexico). From Siberia to China. From Scotland to Portugal and Spain. Also in the Valdez Peninsula of

Ballena franca, Ballena de los vascos / Northern Right Whale

(crustáceo pequeño semejante al camarón), absorbiendo zooplancton en el proceso. Aparentemente no come peces ni invertebrados grandes (como langostas).

Reproducción: Los apareamientos y nacimientos pueden ocurrir en invierno, primavera y verano. Muchos machos cortejan a una sola hembra. Los testículos de los machos son enormes (pesan cerca de 525 kg), pero son internos. La hembra pare una sola cría, que permanece con ella aislada de los grupos. El parto puede ocurrir cada 2-4 años después de cada nacimiento. Parecen tener tasas reproductivas bajas y/o una alta mortalidad.

Estado: Esta especie fue muy abundante, pero actualmente es rara y local a causa de la cacería que soportó durante siglos por parte de las flotas balleneras. Se estima que existen alrededor de 2.000 individuos en todo el mundo. La ballena franca está totalmente protegida y su caza está prohibida en todos los países, excepto Portugal y España. A pesar de estar bajo

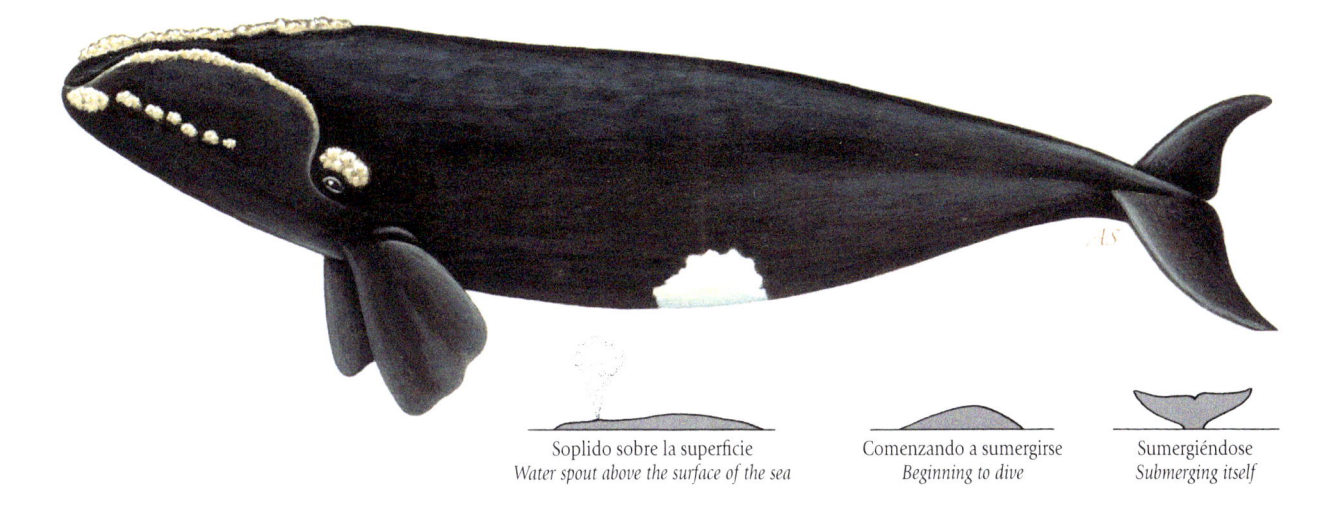

Soplido sobre la superficie
Water spout above the surface of the sea

Comenzando a sumergirse
Beginning to dive

Sumergiéndose
Submerging itself

Argentina and in the Gulf of Mexico. There are no records for Central America, but data on strandings in the Gulf of Mexico suggest that this species may occasionally swim into Central American waters.

Habits: A migratory species that remains in temperate waters in the winter and migrates towards the poles in summer and autumn. Not very gregarious but a social animal; is found alone or in small groups of 2-12 individuals. It may swim or interact with small cetaceans and pinnipeds. Mothers have been observed getting "tired" of the games of their calves and pushing them up to the surface with their flippers. This species is a slow swimmer, but may reach speeds of 12 km/hr for short periods. Although it is not a deep sea diver – since it finds its prey on the surface– it can remain submerged for up to 20 minutes. It is an amazing acrobat, often leaps out of the water and falls on its back (breaching) splashing water in all directions, slapping the flukes against the water (known as lobtailing) and "clapping" with its flippers. A thick V-shaped spout, up to 5m high is ejected from the blowholes. The vocalizations are limited to low frequency moans, similar to belches.

protección total desde 1937 su recuperación es lenta y eso sugiere que la medida podría haberse tomado demasiado tarde. Esta especie se encuentra en peligro de extinción. Está incluida en el Apéndice I de la CITES.

Notas: Su nombre proviene del griego *eu* = correcto, verdadero, y del latín *balaena* = ballena y *glacialis* = helado, congelado. El nombre "ballena de los vascos" se debe a que fueron los vascos el primer pueblo europeo que se dedicó a su captura.

Dónde observar: Aunque no existen registros para América Central, varamientos registrados en Baja California (México) hacen probable su presencia en esta región. El mejor lugar para observarla es el Santuario Golfo San José, en la Península de Valdéz en Argentina, donde se han registrado unos 580 individuos.

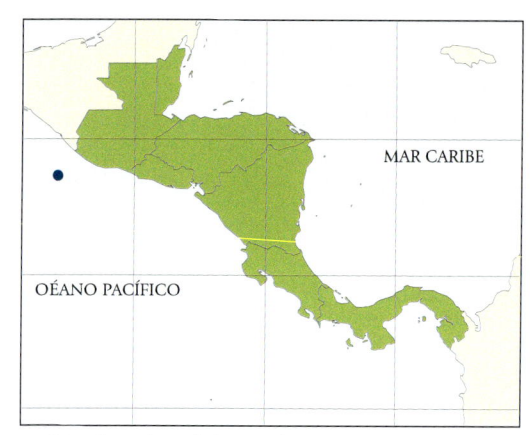

- Sitios de registro de la especie
- *Sites where the species has been observed*

Feeding: The Northern Right Whale is a specialized feeder, eating a variety of crustaceans, among them krill (small crustacean similar to a prawn), and absorbing zooplankton in the process. Apparently it does not eat fish or large invertebrates (such as lobster).

Reproduction: Mating and births may occur in winter, spring and summer. Several males court a single female. The testicles of the males are enormous (weighing nearly 525 kg), but are internal. The female gives birth to a single calf that remains with her, isolated from the pod. Births may occur every 2-4 years after each birth. These whales appear to have low reproductive rates and/or a high mortality rate.

Status: This species was very abundant, but is currently rare and local after being hunted for centuries by whaling fleets. Around 2,000 individuals are estimated to exist in all the world. The Northern Right Whale is fully protected and hunting it is forbidden in all countries, except Portugal and Spain. Despite being under total protection since 1937 its recovery has been slow, suggesting that this measure may have been adopted too late. This species is endangered and is included in Appendix I of CITES.

Notes: Its name comes from the Greek *eu* = correct, true, and from the Latin *balaena* = whale and *glacialis* = icy, frozen. The name "whale of the Basques" is due to the fact that the Basques were the first European nation to hunt this species.

Where to observe it: Although there are no records for Central America, strandings have been reported in Baja California (Mexico), making its presence likely in this region. The best place to see it is the Golfo San Jose Sanctuary, in the Valdez Peninsula in Argentina, where some 580 individuals have been reported.

Balaenoptera musculus

BALLENA AZUL, RORCUAL AZUL / BLUE WHALE

DESCRIPCIÓN: Es el más grande de todos los animales que han existido en el planeta. Alcanza hasta 30,5 m de longitud y más de 160 toneladas de peso; las hembras son ligeramente más grandes que los machos. El cuerpo es azul grisáceo, con manchas redondas amarillentas a gris claro. La cabeza es aplanada en la parte superior frente a los hoyos de respiración, vista desde arriba tiene forma de U, la boca puede tener más de 6 m. Posee una cresta central desde el hocico hasta la apertura respiratoria. Tiene 55-65 surcos ventrales que llegan hasta el ombligo. La aleta dorsal es muy pequeña, de un máximo de 33 cm, situada en el último cuarto del cuerpo, de forma triangular y ligeramente curvada. Las aletas pectorales son largas, delgadas y curvadas, azul grisáceo claro a blanco en la parte interior. La aleta caudal es amplia y triangular y termina en punta, con un surco lineal en el centro que la recorre toda. Tiene 260-400 placas a cada lado del maxilar superior, negras y de 1 m de longitud.

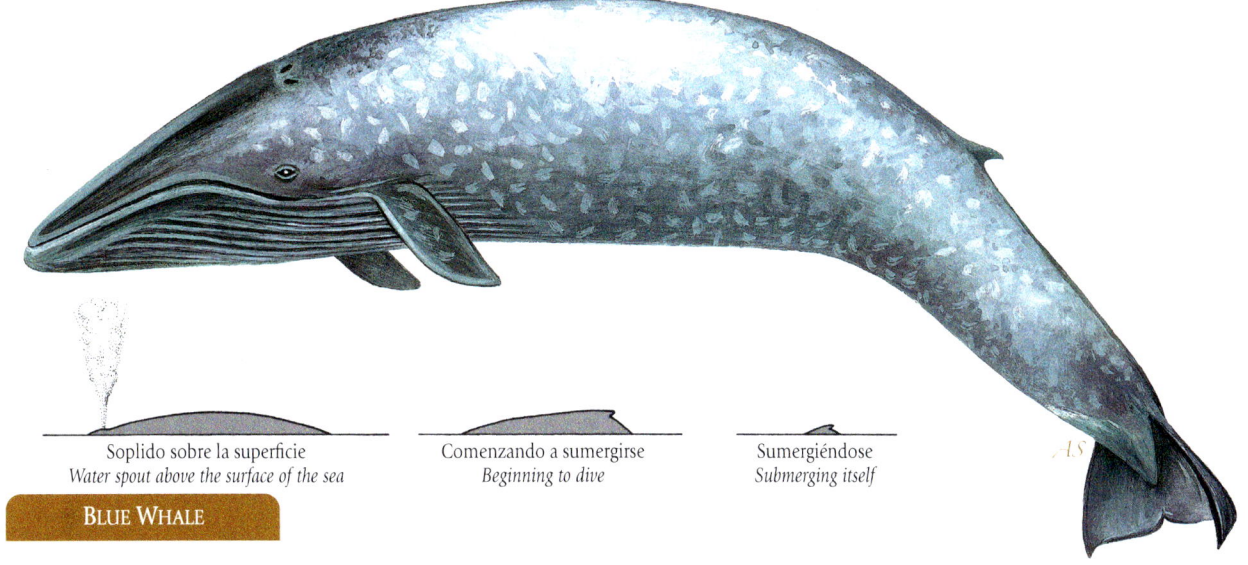

Soplido sobre la superficie
Water spout above the surface of the sea

Comenzando a sumergirse
Beginning to dive

Sumergiéndose
Submerging itself

BLUE WHALE

DESCRIPTION: The largest of all the animals that have existed on the planet. Reaches a length of up to 30.5 m and weighs more than 160 tons; the females are slightly larger than the males. The body is blue-gray, speckled with round yellowish to light gray spots. The upper part of the head is flattened in front of the twin blowholes, it is U-shaped when viewed from above and the mouth may be more than 6 m. long. A central ridge runs from the snout to the blowholes. Has 55-65 ventral grooves that extend to the navel. The dorsal fin is very small, a maximum of 33 cm, situated in the last quarter of the body, triangular and slightly curved. The flippers are long, slender and curved, light grayish blue to white in the inner part. The flukes are broad, triangular and end in a point, with a median notch that extends throughout. Has 260-400 black plates on either side of the upper jaw, 1 m long.

DISTRIBUTION: A cosmopolitan species that inhabits all the seas of world, along continental shelves and ice floes, venturing into deep oceanic waters and shallow coastal regions. Most populations are found from California to the Gulf of Alaska. In the North Atlantic, from Panama to south west Greenland. In

Distribución: Es una especie cosmopolita que habita todos los mares del mundo, a lo largo de los bordes continentales y frentes de hielo, aventurándose a zonas oceánicas profundas y regiones costeras superficiales. La mayor parte de su población se encuentra desde California hasta el Golfo de Alaska. En el Atlántico Norte, desde Panamá hasta el suroeste de Groenlandia. En el hemisferio sur, en aguas de Brasil, Ecuador y Sudáfrica. En Costa Rica, al oeste del mar patrimonial Pacífico.

Hábitos: Esta especie vive sola o en pareja y en áreas de alimentación muy ricas los animales se encuentran a pocos kilómetros unos de otros. Debido a sus grandes requerimientos, esta ballena viaja largas distancias y muchas de sus rutas son bien conocidas. Los patrones de soplido y buceo varían con la velocidad del movimiento y la actividad. Si se mueve despacio, sus orificios de respiración y parte de la cabeza son visibles, sin exponer la cola y la aleta caudal; cuando se mueve rápido o va a iniciar el buceo, los orificios de respiración se cierran y la aleta dorsal emerge brevemente antes de que la cola y la aleta caudal se levanten ligeramente. El chorro que sale de las narinas es delgado, vertical y puede tener más de 9 m de altura. Posee sistemas de comunicación muy elaborados; algunos de sus sonidos son de muy alta frecuencia y pueden llegar hasta 182 decibeles –la más alta entre todos los animales– y pueden ser captados por otras ballenas hasta a 850 km de distancia.

Alimentación: Se alimenta relativamente a poca profundidad (alrededor de 100 m), donde está la mayoría de sus presas, como krill, otros crustáceos y cardúmenes de peces pequeños. Puede ingerir hasta ocho toneladas de alimento por día.

Reproducción: Los dos sexos alcanzan la madurez sexual alrededor de los 10 años, cuando la hembra mide 24 m y el macho 22,5 m. La hembra pare un ballenato cada 2-3 años, después de 12 meses de gestación, y la cría se desteta como a los ocho meses de edad, cuando tiene 15 m de largo.

Estado: Esta es una de las ballenas más amenazadas de extinción, a pesar de que hace 35 años se declaró su protección total. En el hemisferio norte, las poblaciones de esta especie son reducidas, con un estimado de menos de 2.000 individuos en total. Se calcula que en el hemisferio sur hay unos 9.000. Sin embargo, algunos expertos consideran que la ballena azul del hemisferio sur constituye una subespecie más pequeña, llamada

---

the southern hemisphere, in the waters off Brazil, Ecuador and South Africa. In Costa Rica, to the west of the territorial waters of the Pacific.

Habits: This species is solitary or swims in a pair; in very rich feeding grounds the animals are found a few kilometers from each other. Due to its large food requirements, this whale travels long distances and many of its routes are well known. Its blowing and diving patterns vary according to its speed of movement and activity. When it moves slowly, the breathing holes and part of the head are visible, without exposing the tail and the flukes; when it moves quickly or is about to dive, the blowholes close and the dorsal fin emerges briefly before the tail and the flukes lift slightly. The spout ejected from the blowhole is slender, vertical and may be more than 9 m high. This species has very complex communication systems; some sounds are of a very high frequency and may reach 182 decibels –the highest among all animals– and may be detected by other whales at a distance of 850 km.

Feeding: Feeds in relatively shallow waters (around 100 m), where most of its prey are found, such as krill, other crustaceans and shoals of small fish. It may consume up to eight tons of food per day.

Reproduction: Both sexes reach sexual maturity around 10 years of age, when the female measures 24 m and the male 22.5

Ballena azul, Rorcual azul / Blue Whale

ballena azul pigmea (*Balaenoptera musculus brevicauda*). Por esta razón, muchos creen inevitable que *B. musculus* se extinga. Está incluida en el Apéndice I de la CITES.

Notas: Por su apariencia, se puede confundir con el rorcual común (*B. physalus*) y el rorcual norteño (*B. borealis*). A veces es atacada por la orca (*Orcinus orca*). El corazón de esta ballena es del tamaño de un automóvil pequeño. Existen registros de varamientos. Su nombre se deriva de griego *balaena* = ballena, *pteron* = ala, aleta y *musculus* = muscular.

Dónde observar: En Costa Rica, unos 200 km al oeste en el mar patrimonial de la costa del Pacífico. Se ha registrado en aguas de la Isla del Coco.

MAR CARIBE
OÉANO PACÍFICO

- Sitios de registro de la especie
- Sites where the species has been observed

Balaenoptera musculus   Laura May Collado

m. The female gives birth to one calf every 2-3 years, after 12 months gestation, and the offspring is weaned at around eight months of age, when it is 15 m long.

Status: One of the endangered whales, even though it has been under total protection for 35 years. In the northern hemisphere, populations of this species are small, with fewer than 2,000 individuals in total estimated. There are thought to be around 9,000 in the southern hemisphere. However, some experts regard the blue whale of the southern hemisphere as a smaller subspecies, called the Pygmy Blue Whale (*Balaenoptera musculus brevicauda*). For this reason, many believe it inevitable that *B. musculus* will become extinct. It is included in Appendix I of CITES.

Notes: Because of its appearance it may be confused with the Fin whale (*B. physalus*) and the Sei whale (*B. borealis*). Sometimes it is attacked by the Killer Whale (*Orcinus orca*). The heart of this whale is the size of a small car. Strandings have been recorded. Its name is derived from the Greek *balaena* = whale, *pteron* = wing, fin and *musculus* = muscular.

Where to observe it: In Costa Rica, some 200 km west in the territorial waters of the Pacific. It has been reported in the waters of Isla del Coco.

Balaenoptera physalus

Descripción: Puede alcanzar hasta 24 m de longitud en el hemisferio norte y 27 m en el hemisferio sur, llega a tener 35-70 toneladas de peso. El dorso es gris oscuro a café, con un tono grisáceo en la espalda detrás de la cabeza; el vientre es blanco. Tiene 70-110 surcos ventrales que van desde la punta de la mandíbula inferior hasta el ombligo. La aleta dorsal tiene 60 cm de altura y está situada a un tercio del cuerpo. Las aletas pectorales son angostas y blancas en la parte interna. La aleta caudal es larga y aplanada, con ambos lóbulos terminados en puntas. La cabeza es plana y en forma de V cuando se observa desde arriba. El 30% de las placas del maxilar superior es blanco amarillento y miden 72 cm de longitud; la coloración de la mandíbula inferior es asimétrica, ya que la parte derecha es blanca y la izquierda es gris a negra. Este es el rorcual de mayor tamaño después de la ballena azul (*B. musculus*).

Distribución: Es una especie cosmopolita, se encuentra en todos los mares del mundo, pero evita las aguas someras y costeras. Se mueve a través de los polos en primavera y a través del Ecuador en el invierno. En Costa Rica, en la costa atlántica al norte de puerto Limón, Tortuguero y Barra del Colorado.

Hábitos: Esta ballena puede viajar sola o en pareja, pero a menudo lo hace en grupos de 3-7 individuos. Muchos grupos suelen estar compuestos por más de 50 individuos y se concentran en una pequeña área de alimentación o descanso. Puede sumergirse hasta 230 m. Se desplaza lentamente sobre la superficie, exponiendo la aleta dorsal brevemente, después aparecen los hoyos de respiración. Cuando está emergiendo de un buceo profundo, sale bruscamente en ángulo, sopla, sumerge los hoyos de respiración y luego arquea la espalda, mostrando la aleta dorsal completa sobre la superficie. El chorro es alto e impresionante, de 4-6 m, tiene la forma de un cono alargado invertido y puede verse a gran distancia. Esta ballena no muestra la aleta caudal cuando inicia la inmersión. Cuando salta fuera del agua, generalmente regresa a ella con un chapoteo sonoro, igual que la ballena jorobada (*Megaptera novaeangliae*) y la ballena franca (*Eubalaena glacialis*). *B. physalus* es una de las más rápidas entre las grandes ballenas y puede nadar a una velocidad de 32 km/hr. Produce una gama de sonidos de baja frecuencia, así como pulsos de alta frecuencia, que puede

Fin Whale

Description: May grow to a length of 24 m in the northern hemisphere and 27 m in the southern hemisphere, and weighs 35-70 tons. The back is dark gray to brown, with a grayish tone on the back behind the head; the belly is white. Has 70-110 ventral grooves that extend from the tip of the lower jaw to the navel. The dorsal fin is 60 cm high and is situated at one-third of the body length. The flippers are narrow and white in the internal part. The flukes are long and flattened, with both lobules ending in points. The head is flat and V-shaped when viewed from above. 30% of the plates of the upper jaw is yellowish white and measure 72 cm long; the coloring on the lower jaw is asymmetrical, with the right side being white and the left side gray to black. This is the largest whale after the Blue Whale (*B. musculus*).

Distribution: A cosmopolitan species, found in all the seas of the world, but avoids shallows and coastal waters. It travels through of the poles in spring and through the equator in the winter. In Costa Rica, on the Atlantic coast north of Limon, Tortuguero and Barra del Colorado.

Habits: This whale may travel alone or in pairs, but often does so in pods of 3-7 individuals. Many groups tend to consist of more than 50 individuals and they gather in a small feeding or

utilizar para encontrar alimento o comunicarse socialmente con individuos de la misma especie.

Alimentación: Consume una gran variedad de alimentos, incluyendo krill, pequeños crustáceos, invertebrados, medusas de arena, calamares, arenques y peces lámpara.

Reproducción: La hembra alcanza la madurez sexual entre 3-12 años de edad, pero en promedio ambos sexos lo hacen a los 12 años, cuando alcanzan 17-19 m de longitud. Parece ser una especie monógama, porque a menudo se observa en parejas. La hembra pare una sola cría después de 12 meses de gestación, la cual se desteta a los ocho meses y acompaña a su madre a las áreas de alimentación durante el invierno. Los partos ocurren 2-3 años después de cada nacimiento.

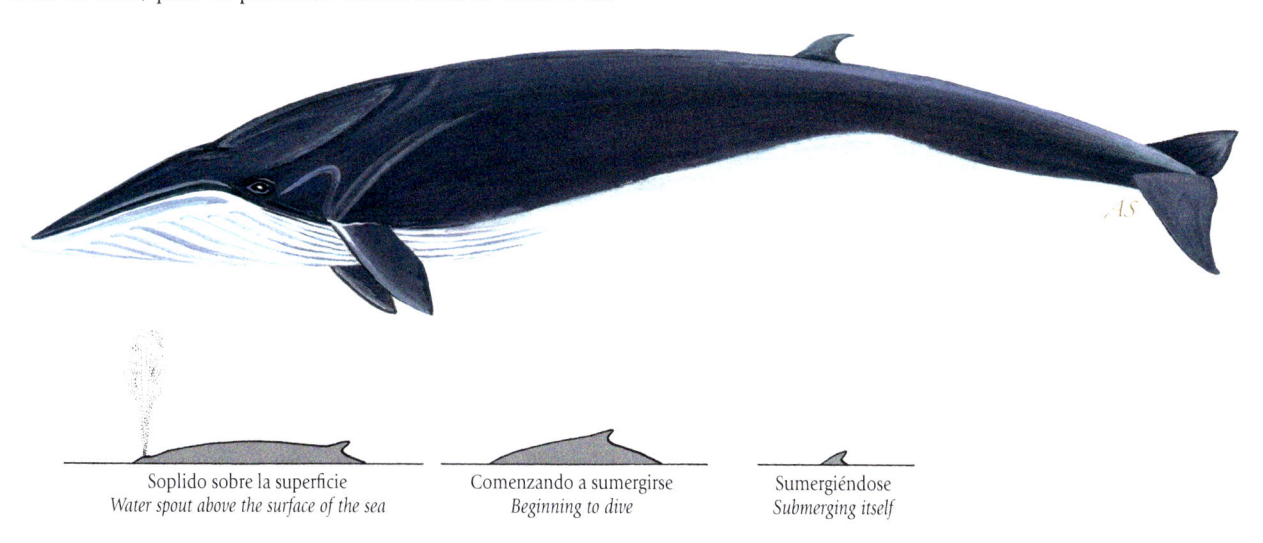

Soplido sobre la superficie
Water spout above the surface of the sea

Comenzando a sumergirse
Beginning to dive

Sumergiéndose
Submerging itself

rest area. May dive to a depth of 230 m. It moves slowly on the surface, displaying the dorsal fin briefly, and then the blowholes appear. When it emerges from a deep dive, it surfaces abruptly at an angle, blows, submerges its blowholes and then arches its back, displaying the complete dorsal fin on the surface. The spout is high and impressive, 4-6 m, in the shape of an inverted elongated cone that can be seen from a great distance. This whale does not display its flukes when beginning a dive. When it leaps out of the water, it generally returns to it with a loud splash, just like the Humpback Whale (*Megaptera novaeangliae*) and the Northern Right Whale (*Eubalaena glacialis*). *B. physalus* is among the fastest of the large whales and can swim at a speed of 32 km/hr. It produces a range of low frequency sounds, as well as high frequency pulses, which it can use to locate food or to communicate socially with others of the same species.

Feeding: It consumes a great variety of foods, including krill, small crustaceans, invertebrates, jellyfish, squid, herrings and lamp fish.

Reproduction: The female reaches sexual maturity at 3-12 years of age, but on average both sexes mature at 12 years, when they reach 17-19 m in length. Appears to be a monogamous species, because it is often observed in pairs. The female gives birth to

Estado: A raíz de la drástica explotación de la ballena azul (*B. musculus*), *B. physalus* se convirtió en la especie de ballena de mayor valor comercial. Sus poblaciones se redujeron en casi todos los océanos. A pesar de que la caza a gran escala de ésta y otras ballenas se ha detenido, países como España, Corea y China todavía realizan capturas a pequeña escala. Como sucede con *Balaenoptera musculus*, no se puede asegurar que el rorcual común se haya salvado de la extinción. Es una especie amenazada de extinción y está incluida en el Apéndice I de la CITES.

Notas: El rorcual común se puede confundir con la ballena azul (*B. musculus*), el rorcual norteño (*B. borealis*) y el rorcual de Bryde (*B. edeni*) A veces es atacada por la orca (*Orcinus orca*). El nombre *physalus* proviene del griego y quiere decir "rorcual ballena" o "un tipo de sapo que sopla sobre sí mismo".

Dónde observar: En Costa Rica, frente a las costas del Parque Nacional Tortuguero, donde se han registrado varamientos, y en el Refugio de Vida Silvestre Barra del Colorado, en la provincia de Limón.

MAR CARIBE
OÉANO PACÍFICO

● Sitios de registro de la especie
● *Sites where the species has been observed*

a single calf after 12 months of gestation; the calf is weaned at eight months and accompanies its mother to the feeding grounds during the winter. Births occur at 2-3 year intervals.

Status: As a result of the drastic exploitation of the Blue Whale (*B. musculus*), *B. physalus* became the most commercially valuable whale species. Its populations were reduced in nearly all the world's oceans. Despite the fact that large scale hunting of this and other whales has been stopped, countries such as Spain, Korea and China still hunt them on a small scale. As in the case of *Balaenoptera musculus*, we cannot say that the common Rorqual has been saved from extinction. It is an endangered species and is included in Appendix I of CITES.

Notes: The common Rorqual may be confused with the Blue Whale (*B. musculus*), the Sei Whale (*B. borealis*) and Bryde's whale (*B. edeni*) It is sometimes attacked by the Killer Whale (*Orcinus orca*). The name *physalus* comes from the Greek and means "Rorqual whale" or "a type of toad that blows on itself".

Where to observe it: In Costa Rica, opposite the coasts of Tortuguero National Park, where strandings have been recorded, and in the Barra del Colorado Wildlife Refuge, in Limon province.

Balaenoptera borealis

Rorcual norteño, Rorcual de Rudolph, Ballena de Sei, Ballena de pintas / *Sei Whale*

Descripción: De tamaño mediano, alcanza 17-18 m de longitud y 14-32 toneladas de peso. En el Antártico las hembras llegan a medir hasta 21 m. El cuerpo es largo, delgado y ahusado en la cabeza. El dorso es gris oscuro con manchas blancas ovoides; la garganta, la barbilla y el vientre son grisáceos a blancos. La aleta dorsal es prominente, delgada y larga, situada al principio del tercio final del cuerpo y a menudo visible cuando la ballena respira. Las aletas pectorales son delgadas y terminan en punta. La aleta caudal es delgada y larga. El cuerpo de costado se ve ligeramente arqueado. Posee una cresta prominente desde el hocico hasta los orificios de respiración. Tiene 32-60 surcos ventrales, desde la punta de la mandíbula inferior hasta el ombligo. Posee 300-400 placas de 80 cm de longitud a cada lado de la mandíbula, negras con finas franjas blancas.

Distribución: Es una especie cosmopolita que se encuentra en todos los mares del mundo, aunque evita las aguas muy frías. Su presencia en algunas partes es impredecible y esporádica. En el Golfo de México y el mar Caribe esa presencia es cuestionable,

Soplido sobre la superficie
Water spout above the surface of the sea

Comenzando a sumergirse
Beginning to dive

Sumergiéndose
Submerging itself

Sei Whale

Description: Medium sized, reaches a length of 17-18 m and weighs 14-32 tons. In the Antarctic, females may reach 21 m. The body is long and slender, tapering at the head. The back is dark gray with white ovoid spots; the throat, chin and the belly are grayish to white. The dorsal fin is prominent, slender and long, situated on the final third of the body and often visible when the whale breathes. The flippers are slender and end in a point. The flukes are slender and long. From the side, the body appears slightly arched. It has a prominent crest or ridge from the snout to the blowholes. Has 32-60 ventral grooves, from the tip of the lower jaw to the navel. Has 300-400 plates measuring 80 cm on each side of the jaw, black with fine white fringes.

Distribution: A cosmopolitan species found in all the world's oceans, although it avoids very cold waters. Its presence in some parts is unpredictable and sporadic. In the Gulf of Mexico and the Caribbean that presence is questionable, since it can be confused with the Bryde's whale (*Balaenoptera edeni*). In Costa Rica, it is found to the north of Isla del Coco.

Habits: Often travels in pods of 2-5 individuals, but may gather in large numbers in the feeding grounds. It feeds on the surface and does not usually dive very deep. For this reason, the head

ya que se puede confundir con el rorcual de Bryde (*Balaenoptera edeni*). En Costa Rica, se encuentra al norte de la Isla del Coco.

HÁBITOS: A menudo viaja en grupos de 2-5 individuos, pero puede concentrarse en grandes cantidades en las áreas de alimentación. Se alimenta sobre la superficie y usualmente no bucea muy profundo, por esta razón la cabeza raramente emerge en un ángulo abrupto, como el rorcual de Bryde (*B. edeni*) y el rorcual común (*B. physalus*), excepto cuando es perseguida. En cambio, las narinas y la mayor parte de la espalda, incluyendo la aleta dorsal, se mantienen visibles sobre la superficie por períodos relativamente largos. Cuando inicia otra inmersión, esta ballena no arquea la cola ni la aleta caudal, sino que se sumerge deslizándose silenciosamente bajo la superficie, a menudo se le ve a sólo unos pocos metros bajo el agua, dejando una serie de remolinos sobre la superficie mientras mueve la aleta caudal. El chorro tiene forma de cono invertido, como el de los mencionados rorcual de Bryde y rorcual común, pero más bajo y menos denso. Entre las especies de ballenas grandes, es

• Sitios de registro de la especie
• *Sites where the species has been observed*

rarely emerges at an abrupt angle, as with Bryde's whale (*B. edeni*) and the Fin whale (*B. physalus*), except when it is pursued. Instead, the blowholes and most of the back, including the dorsal fin, remain visible on the surface for relatively long periods. When it begins another dive, this whale does not arch its tail or flukes, but submerges itself by gliding silently beneath the surface. It is often seen just a few meters below the water, leaving a series of eddies on the surface while it moves its flukes. The spout is shaped like an inverted cone, similar to that of the Bryde's Whale and the Fin Whale, but lower and less dense. Among large whale, it is one of the fastest, reaching speeds of 32 to 50 km/hr.

FEEDING: It feeds on the surface of the water, while it swims inclined towards one side through the swarm of prey. It consumes a variety of foods, including krill and other small crustaceans, invertebrates, jellyfish, squid, herrings, lamp fish and small shoals of fish. It consumes nearly 900 kg of food per day.

REPRODUCTION: Both sexes reach sexual maturity at 6-12 years of age, when they measure 12-13.7 m. After 10.5 to 12 months

una de las más rápidas, ya que puede alcanzar velocidades de 32 a 50 km/hr.

Alimentación: Se alimenta sobre la superficie del agua, mientras nada inclinada hacia un costado a través del enjambre de presas. Ingiere una variedad de alimentos, incluyendo krill y otros pequeños crustáceos, invertebrados, medusas de arena, calamares, arenques, peces lámpara y pequeños cardúmenes de peces. Consume cerca de 900 kg de alimento por día.

Reproducción: Ambos sexos alcanzan la madurez sexual a los 6-12 años de edad, cuando miden 12-13,7 m. La hembra pare una sola cría después de 10,5 a 12 meses de gestación, la cual se desteta a los 6-8 meses. Cada 2-3 años pare una nueva cría, pero recientemente se han observado partos anuales y se cree que esto es una respuesta a la depredación humana. Pueden vivir hasta 74 años.

Estado: Esta especie fue cazada intensamente durante la década de 1950, lo cual causó una reducción dramática de todas las poblaciones del mundo. Islandia es uno de los países que todavía la capturan. Debido a que su dieta es más variada que la del resto de las ballenas y como resultado de la disminución de las poblaciones de la ballena azul (*B. musculus*) y el rorcual común (*B. physalus*), en la actualidad se estima que las poblaciones de *B. borealis* se están recuperando. Está incluida en el Apéndice I de la CITES.

Notas: Se puede confundir con la ballena azul *B. musculus*), el rorcual aliblanco (*B. acutorostrata*) y el rorcual de Bryde (*B. edeni*). A veces es atacada por la orca (*Orcinus orca*). El nombre "borealis" proviene del latín y significa "norteño".

Dónde observar: En Costa Rica, a 25 km al norte de la Isla del Coco, en un área de más de 30.000 km².

gestation, females give birth to a single calf, which is weaned at 6-8 months. Calves are born at 2-3 year intervals, but recently annual births have been observed and it is believed that this is a response to human depredation. This species may live for 74 years.

Status: The Sei Whale was hunted intensively during the 1950s, causing a dramatic reduction in all its populations around the world. Iceland is one of the countries that still hunt it. Because its diet is more varied than that of the rest of the whales and given the decline in the populations of Blue Whales (*B. musculus*) and the common Rorqual (*B. physalus*), the populations of *B. borealis* are now thought to be recovering. It is included in Appendix I of CITES.

Notes: May be confused with the Blue Whale *B. musculus*), the Minke Whale (*B. acutorostrata*) and Bryde's Whale (*B. edeni*). Sometimes it is attacked by the Killer Whale (*Orcinus orca*). The name "borealis" comes from the Latin and means "northern".

Where to observe it: In Costa Rica, 25 km to the north of Isla del Coco, in an area of more than 30.000 km².

Balaenoptera edeni

Descripción: Relativamente pequeño con respecto a los otros rorcuales, alcanza una longitud máxima de 15 m y un peso de 13-23 toneladas. El dorso es gris oscuro azulado, el vientre es claro. Las hembras son más grandes que los machos. En la cabeza tiene tres crestas bien definidas, que van desde el área de las narinas hasta el hocico. Posee 40-50 surcos en la garganta que se extienden hasta el ombligo. La aleta dorsal es prominente y tiene forma de hoz, 46 cm de altura y está ubicada a un tercio del cuerpo, cerca de la cola. Las aletas pectorales son alargadas y grises. La aleta caudal es larga, aplanada y termina en puntas. Con 250-370 placas o barbas a cada lado de la mandíbula superior, blanco grisáceo, 42 cm de longitud y con finas vibrisas blancas.

Distribución: Es el único rorcual que no es cosmopolita, ya que está restringido a las zonas tropicales y subtropicales, a menudo cerca de las costas de los océanos Pacífico, Atlántico e Índico. Existen poblaciones residentes en el Golfo de México y al sureste del mar Caribe. En el océano Pacífico se ha registrado desde el sur de California hasta Chile. En Costa Rica, frente a las costas del Pacífico en unas tres cuartas partes del mar patrimonial. Residente en aguas de América Central.

Hábitos: Es una especie de vida solitaria o en pequeños grupos. Se han observado grandes concentraciones en aguas del Golfo de México, Venezuela, Perú, Brasil, Japón y Sudáfrica. Algunas poblaciones son sedentarias, pero las de regiones templadas pueden ser migratorias. Es abundante en las costas de Venezuela, especialmente en el mes de diciembre, lo cual sugiere migraciones estacionales. Es un buen buceador de profundidad y cuando sale a respirar levanta la cabeza sobre la superficie del agua. El chorro de respiración alcanza una altura de 4 m y tiene forma de nube. Antes de iniciar el buceo levanta la cabeza, arquea bruscamente el cuerpo y levanta la cola. Con frecuencia acelera el nado y cambia de dirección de manera repentina. Durante la alimentación, sus movimientos la asemejan más a un delfín que a una ballena grande. Su velocidad de nado es de 4-16 km/hr. Algunas poblaciones tropicales posiblemente son sedentarias, con cortas distancias de migración.

Alimentación: Aunque en algunas partes el krill es importante en su dieta, prefiere cardúmenes de peces como sardinas, arenques, macarelas y anchovetas. También se le ha observado comiendo bonitos, pulpos, langostas, cangrejos y calamares. No

Bryde's Whale

Description: Relatively small compared with the other whales, reaches a maximum length of 15 m and weighs 13-23 tons. The back is a dark bluish gray, the belly is lighter. The females are larger than the males. There are three well-defined crests on the head, which extend from the area of the blowholes to the snout. Has 40-50 grooves or pleats on the throat that extend to the navel. The dorsal fin is prominent and falcate, 46 cm high and is located at one-third of the body, near the tail. The flippers are elongated and gray. The flukes are long, flattened and end in points. Has 250-370 plates or baleens on each side of the upper jaw, grayish white, 42 cm long and with fine white vibrissae.

Distribution: The only whale that is not cosmopolitan, since it is restricted to the tropical and subtropical zones, often near the coasts of the Pacific, Atlantic and Indian oceans. There are resident populations in the Gulf of Mexico and the south east Caribbean. In the Pacific ocean it has been reported from southern California to Chile. In Costa Rica, off the Pacific coast in about three-quarters of the territorial waters. Resident in waters of Central America.

Habits: This species is solitary or lives in small pods. Large herds have been observed in the waters of the Gulf of Mexico, Venezuela, Peru, Brazil, Japan and South Africa. Some

RORCUAL DE BRYDE, RORCUAL TROPICAL, BALLENA DE BRYDE / BRYDE'S WHALE

se alimenta por succión como las otras ballenas, sino que atrapa las presas directamente con su boca.

REPRODUCCIÓN: La madurez sexual ocurre cuando las hembras alcanzan 12,5 m de largo y los machos 12,2 m y ambos a la edad de 7-13 años. El rorcual de Bryde se reproduce cada dos años y pare una sola cría después de 12 meses de gestación, la cual se desteta a los ocho meses. Los cortejos y los nacimientos ocurren durante todo el año, con picos de nacimientos en otoño en el hemisferio norte.

ESTADO: Antes de 1920 no se sabía que esta ballena era capturada, en parte porque no se diferenciaba claramente del rorcual norteño (*B. borealis*). A partir de esa fecha, los registros de su caza

Soplido sobre la superficie
Water spout above the surface of the sea

Comenzando a sumergirse
Beginning to dive

Sumergiéndose
Submerging itself

populations are sedentary, but those of temperate regions may be migratory. It is abundant off the coasts of Venezuela, especially in December, which suggests seasonal migrations. It is a good deep sea diver and when it emerges to breathe it lifts its head on the surface of the water. The blow reaches a height of 4 m and is cloud-shaped. Before beginning to dive it lifts its head, arches its body abruptly and lifts its tail. It frequently speeds up its swimming and changes direction suddenly. During feeding, its movements are more reminiscent of a dolphin than a large whale. It swims at speeds of 4-16 km/hr. Some tropical populations are possibly sedentary, migrating short distances.

FEEDING: Although in some areas krill is an important part of its diet, it prefers schooling fish such as sardines, herrings, mackerel and anchovies. It has also been observed eating bonitos, octopuses, lobsters, crabs and squid. It does not feed by suction like other whales, but instead traps its prey directly with its mouth.

REPRODUCTION: Sexual maturity occurs when the females reach a length of 12.5 m and the males 12.2 m, both at the age of 7-13 years. Bryde's Whale reproduces every two years and gives birth to a single calf after 12 months gestation, which is weaned at eight months. Courtship and births occur throughout

se han incrementado, particularmente en el Pacífico Occidental y frente a las costas de Perú. Las poblaciones del Pacífico noroeste han disminuido de 21.000 a 14.000 individuos, pero no existen datos suficientes como para evaluar los efectos de esta reducción. Está incluida en el Apéndice I de la CITES.

Notas: Se puede confundir fácilmente con el rorcual norteño (*B. borealis*), pero las tres crestas en la cabeza lo diferencian de todos los otros rorcuales. La forma del cuerpo de los individuos de poblaciones mar adentro es más delgada que los de las costas. Es frecuente encontrarlo en áreas de alta concentración de peces, junto a aves marinas, focas, tiburones y otros cetáceos. La denominación *edeni* proviene del nombre del comisionado británico en Birmania durante la época colonial, Ashley Eden.

Dónde observar: En Costa Rica, frente a las costas del Pacífico central, en Punta Uvita y el Parque Nacional Marino Ballena; en la Península de Osa, el Golfo Dulce y la Isla del Caño, pero principalmente la Isla del Coco. Es una especie residente en este país.

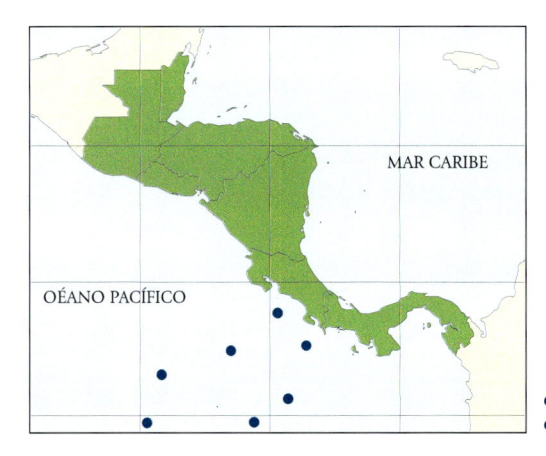

- Sitios de registro de la especie
- *Sites where the species has been observed*

the year, with the birth peaks in the autumn in the northern hemisphere.

Status: Prior to 1920, it was not known that this whale was hunted, partly because it is not clearly differentiated from the Sei Whale (*B. borealis*). From that date, catch records have increased, particularly in the Western Pacific and off the coasts of Peru. Populations in the north west Pacific have decreased from 21,000 to 14,000 individuals, but there is not enough data to assess the effects of this reduction. It is included in Appendix I of CITES.

Notes: Is easily confused with the Sei Whale (*B. borealis*), but the three crests on the head differentiate it from all the other whales. The body shape of individuals from offshore populations is more elongated than that of inshore individuals. It is frequently found in areas with high concentrations of fish, along with sea birds, seals, sharks and other cetaceans. The name *edeni* comes from the name of the British commissioner in Burma during the colonial period, Ashley Eden.

Where to observe it: In Costa Rica, off the Central Pacific coasts, in Punta Uvita and the Ballena Marine National Park; in the Osa Peninsula, Golfo Dulce and Isla del Caño, but mainly Isla del Coco. It is a resident species in this country.

Balaenoptera acutorostrata

RORCUAL ALIBLANCO, RORCUAL ENANO
MINKE WHALE, LITTLE PICKED WHALE

DESCRIPCIÓN: Es el más pequeño de los balaenoptéridos, alcanza 10,7 m de longitud y unas 12 toneladas de peso. El cuerpo es delgado y notoriamente hidrodinámico. Las hembras son ligeramente más grandes que los machos. El dorso es gris oscuro a negro, el vientre y las aletas pectorales son blancos. La cabeza es ahusada, medianamente crestada, triangular y puntiaguda en forma de V, vista desde arriba. Posee de 50 a 70 surcos ventrales que llegan hasta el ombligo. La aleta dorsal es alta, curvada y falciforme. Las aletas pectorales son delgadas y punteadas en los extremos y miden 12% de la longitud del cuerpo, con una banda blanca brillante que recorre la mitad de cada una. La aleta caudal es amplia y suavemente cóncava cerca del margen de la división central. Posee 230-360 placas blancas a cada lado de la mandíbula, de 20 cm de longitud, algunas con rayas negras; vibrisas amarillentas a blancas.

DISTRIBUCIÓN: Es una especie cosmopolita, ya que habita en todos los mares del mundo, tanto en zonas templadas como tropicales y polares. En el continente americano, desde Alaska,

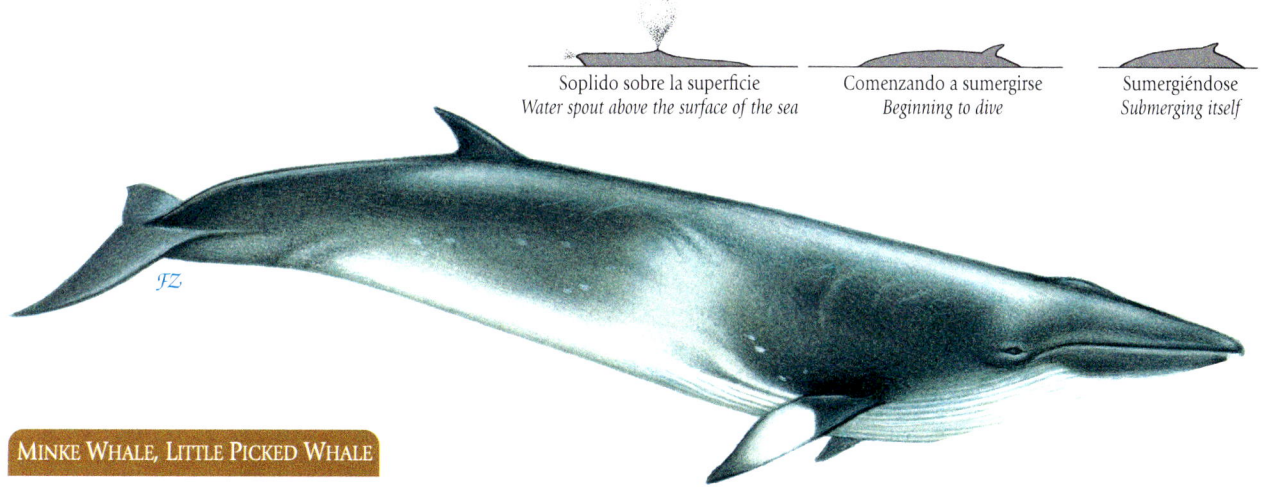

Soplido sobre la superficie
Water spout above the surface of the sea

Comenzando a sumergirse
Beginning to dive

Sumergiéndose
Submerging itself

MINKE WHALE, LITTLE PICKED WHALE

DESCRIPTION: The smallest of the balaenopterids grows to a length of 10.7 m and weighs around 12 tons. The body is slender and remarkably hydrodynamic. Females are slightly larger than males. The back is dark gray to black, the belly and the flippers are white. The head is tapering, moderately ridged, triangular and pointed in a V-shape, when viewed from above. It has 50 to 70 ventral grooves that extend to the navel. The dorsal fin is high, curved and falcate. The flippers are slender and pointed at the ends and measure 12% of the length of the body, with a brilliant white band that extends half way along each one. The flukes are broad and gently concave near the margin of the central notch. It has 230-360 white plates on each side of the jaw, 20 cm long, some of them with black stripes; has yellowish to white vibrissae.

DISTRIBUTION: A cosmopolitan species found in all the world's oceans, both in temperate zones and in tropical and polar regions. In the American continent, from Alaska to the islands of Hawaii, California, the Gulf of Mexico and from the Central American coasts to Brazil. There are no recorded sightings in Costa Rica, but its presence is expected because it has been observed in other parts of Central America.

HABITS: It is found alone, in pairs or in groups of three. Sometimes hundreds of individuals gather in the Arctic feeding grounds

pasando por las islas Hawai, California, el Golfo de México y las costas centroamericanas hasta las costas de Brasil. En Costa Rica no se tienen registros, pero su presencia es esperada porque se ha observado en otras partes de Centroamérica.

Hábitos: Se encuentra solitario, en parejas o en grupos de tres. A veces cientos de individuos se concentran en áreas de alimentación en aguas del Ártico durante la primavera y el verano, pero segregados por sexos y edad. Algunas poblaciones realizan grandes migraciones de hasta 9.000 km, otras se mueven poco y en muchas regiones se mantienen en el mismo lugar todo el año. El rorcual aliblanco a menudo se acerca a las costas y entra en las bahías y los estuarios. Cuando inicia un buceo largo, arquea la cola muy alto sobre la superficie del agua, sin embargo, no levanta la aleta caudal. Algunas veces nada saltando fuera del agua repetidamente. Generalmente sale del agua en un ángulo de 45 grados y regresa a ella sin agitar ni mover el cuerpo. Se ha observado saltando y cayendo de espaldas sobre el agua, para luego sumergirse suavemente con un fuerte chapoteo, como lo hace la ballena jorobada (*Megaptera novaeangliae*). Le gusta entrar en aguas costeras hasta cerca de la playa en estuarios de aguas templadas, más a menudo que otras especies de ballenas. Es poco común en los trópicos y regiones de alta mar. El chorro emitido por las narinas es corto y poco visible.

Alimentación: Come principalmente krill, además de cardúmenes de pequeños peces (arenques y capelines) y algas arbustivas. Tiende a consumir cualquier alimento preferido que sea abundante en un área determinada.

Reproducción: Alcanza la madurez sexual a los 7-8 años de edad, cuando la hembra mide 8 m y el macho 7 m. Al nacer, la cría mide 2,8 m. Puede vivir hasta 50 años.

Estado: Es la única especie de ballena que todavía es capturada por flotas pelágicas (barcos-factorías de alta mar) de Corea, Noruega y Japón, especialmente en el hemisferio sur. Brasil captura estas ballenas con una factoría anclada en tierra. La

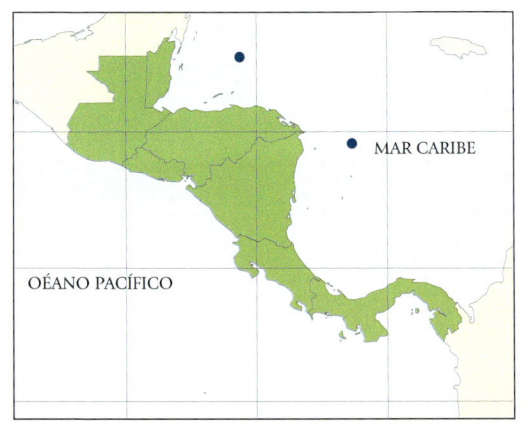

• Sitios de registro de la especie
• *Sites where the species has been observed*

during spring and summer, but these are segregated by sex and age. Some populations undertake large migrations of up to 9,000 km, others do not move around very much and in many regions remain in the same place all year round. The Minke Whale often swims close to the shore, entering into bays and estuaries. When it begins a long dive, it arches its tail very high on the surface of the water, but does not lift its flukes. Sometimes swims by repeatedly leaping out of the water. It generally emerges from the water at an angle of 45 degrees and returns to it without agitating or moving the body. It has been observed leaping and falling backwards onto the water, and then submerges itself with a forceful splash, as the Humpback Whale does (*Megaptera novaeangliae*). It likes to swim in coastal waters close to the shore in temperate water estuaries, more often than other species of whales. It is not very common in the tropics and deep sea regions. The spout expelled by the blowholes is short and not very visible.

Feeding: It mainly feeds on krill, shoals of small fish (herrings and smelts) and shrub algae. Tends to consume any preferred food that is abundant in a particular area.

RORCUAL ALIBLANCO, RORCUAL ENANO
MINKE WHALE, LITTLE PICKED WHALE

mayoría de las capturas está destinada al consumo humano de su carne y aceite. Los datos sobre la situación de sus poblaciones son insuficientes. Está incluida en el Apéndice I de la CITES.

NOTAS: Es una ballena fácil de observar en el hemisferio sur, ya que es curiosa, se acerca a las embarcaciones y a veces las mueve. Con frecuencia es una especie depredada por las orcas (*Orcinus orca*). Se puede mantener en cautiverio y quizá es la única ballena que se puede usar con fines de investigación. Se puede confundir con el rorcual norteño (*B. borealis*), el rorcual común (*B. physalus*) y el rorcual de Bryde (*B. edeni*) y a la distancia con el delfín hocico de botella (*Tursiops truncatus*). El nombre *acutorostrata* se deriva del latín *acutus* = afilado y *rostrum* = pico, hocico.

DÓNDE OBSERVAR: En Costa Rica y el resto de América Central su presencia es esperada en el Océano Atlántico, aunque por su distribución en latitudes norteñas también se esperaría en la costa del Pacífico.

Balaenoptera acutorostrata   Laura May Collado

REPRODUCTION: Reaches sexual maturity at 7-8 years of age, when the female measures 8 m and the male 7 m. The newborn calf measures 2.8 m. This species may live up to 50 years.

STATUS: The only whale that is still hunted by pelagic fleets (factory-ships on the high seas) of Korea, Norway and Japan, especially in the southern hemisphere. Brazil hunts these whales using a factory ship anchored ashore. Most of the catch is used for human consumption of its meat and oil. The data on the status of its populations is incomplete. It is included in Appendix I of CITES.

NOTES: An easy whale to observe in the southern hemisphere, since it is curious and approaches boats and sometimes moves them. This species is often preyed on by Killer Whales (*Orcinus orca*). It can be kept in captivity and is perhaps the only whale that can be used for research purposes. It may be confused with the Sei Whale (*B. borealis*), the Fin Whale (*B. physalus*) and Bryde's Whale (*B. edeni*) and from a distance with the Bottlenose Dolphin (*Tursiops truncatus*). The name *acutorostrata* is derived from the Latin *acutus* = sharp and *rostrum* = beak, snout.

WHERE TO OBSERVE IT: In Costa Rica and the rest of Central America; its presence is expected in the Atlantic Ocean, although given its distribution in northern latitudes it would also be expected on the Pacific coast

Megaptera novaeangliae

Descripción: Alcanza 15-17 m de longitud y 24-48 toneladas de peso. Las hembras son ligeramente más grandes que los machos. La mayor parte del cuerpo es robusta y redonda, volviéndose angosta hacia la cola. La cabeza es aplanada, delgada y redondeada en el extremo, con protuberancias que tienen folículos o tubérculos pilosos donde se alojan parásitos, distribuidos en la cabeza y la mandíbula inferior. El cuerpo es negro a gris, excepto la región entre la garganta y el vientre, que es clara. La aleta dorsal es pequeña, está ubicada a un tercio del cuerpo e incluye una joroba. Las aletas pectorales son grandes y representan una tercera parte de la longitud del cuerpo, tienen protuberancias blancas en los bordes y en la superficie. La aleta caudal es delgada y aserrada en el borde posterior. Posee 14-35 surcos desde la garganta hasta el ombligo, de 38 cm de ancho. Tiene 270-400 placas a cada lado de la mandíbula, de 78 cm de largo y 30 cm de ancho, generalmente negras; las vibrisas son negras o negro oliva.

Distribución: Es una especie cosmopolita, ampliamente distribuida en todos los mares del mundo, desde zonas tropicales hasta polares. Realiza migraciones desde los polos (en verano) hasta aguas tropicales (en invierno) frente a las costas de Trinidad, Venezuela, Brasil, Chile, Perú, Ecuador y América Central. En Costa Rica, se ha observado con más frecuencia frente a las costas del Pacífico central y sur.

Hábitos: Viaja sola o en grupos de 2-3 individuos, pero puede concentrase en grupos de 12-15 en áreas de alimentación y reproducción. Bucea hasta por 20 minutos, aunque generalmente lo hace por 15 minutos. No es una nadadora rápida, alcanza 12 km/hr o menos, a pesar de lo cual muestra gran energía y velocidad al saltar fuera del agua. Cuando salta, levanta la aleta caudal y las aletas pectorales fuera del agua y, manteniéndose en el aire, cae de espaldas golpeando las pectorales contra el agua. A menudo se observa con las aletas y la espalda fuera del agua. No existe ninguna especie de ballena grande más acrobática que la ballena jorobada. Cuando emerge de un largo buceo, emite un chorro de agua espeso desde sus narinas, el cual puede alcanzar 3 m de altura y tiene un aspecto blanco, relativamente más ancho que alto. Cuando se está alimentando puede emitir 4-8 soplidos (chorros) más altos y angostos de lo normal, a intervalos de 30 segundos. Generalmente su cuerpo está infestado de parásitos, como piojos de ballena (cirripedios) y crustáceos.

Alimentación: Consume cardúmenes de peces, krill y plancton y al hacerlo muestra un comportamiento interesante: encierra en

Humpback Whale

Description: Reaches a length of 15-17 m and a weight of 24-48 tons. The females are slightly larger than the males. Most of the body is robust and round, becoming narrow towards the tail. The head is flattened, slender and rounded at the end, with protuberances that have follicles or hairy tubercles where parasites are lodged, distributed on the head and the lower jaw. The body is black to gray, except the area between the throat and the belly, which is a light color. The dorsal fin is small, located one-third along the body and includes a hump. The flippers are large, extend along one-third of the body and have white protuberances at the edges and on the surface. The flukes are slender and serrated on the posterior edge. Has 14-35 grooves from the throat to the navel, 38 cm wide. There are 270-400 plates on each side of the jaw, 78 cm long and 30 cm wide, generally black; the vibrissae are black or olive black.

Distribution: A cosmopolitan species, widely distributed in all the world's oceans, from tropical to polar regions. It migrates from the poles (in the summer) to tropical waters (in the

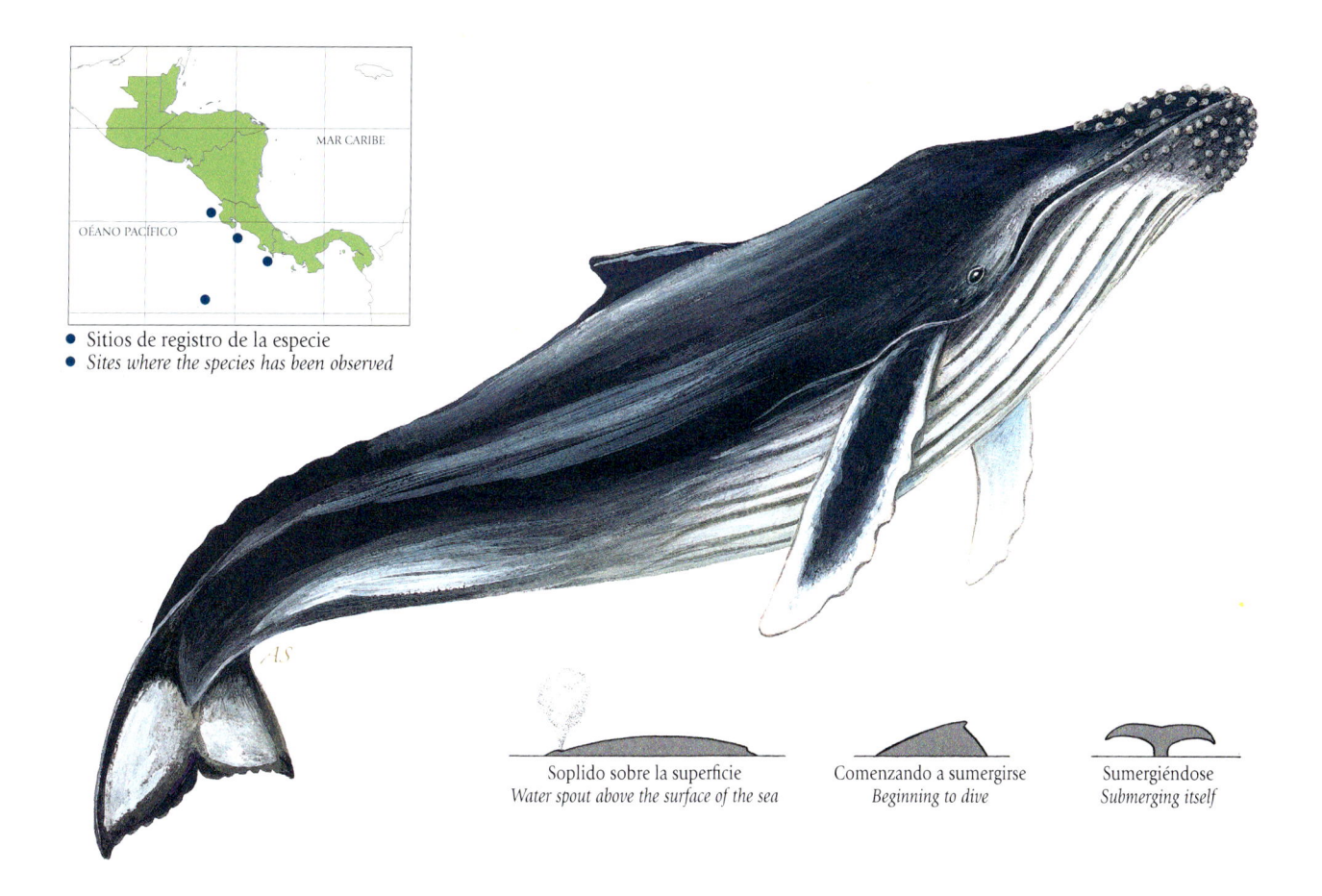

Ballena jorobada, Jibarte, Yubarta / Humpback Whale

Sitios de registro de la especie
Sites where the species has been observed

Soplido sobre la superficie
Water spout above the surface of the sea

Comenzando a sumergirse
Beginning to dive

Sumergiéndose
Submerging itself

winter) off the coasts of Trinidad, Venezuela, Brazil, Chile, Peru, Ecuador and Central America. In Costa Rica, it is most frequently seen off the Central and South Pacific coasts.

Habits: Travels alone or in pods of 2-3 individuals, but may gather in groups of 12-15 in feeding and breeding grounds. It dives for up to 20 minutes, although usually for 15 minutes. It is not a fast swimmer, reaching 12 km/hr or less, but nevertheless displays great energy and speed when its leaps out of the water. When it leaps, it lifts its flukes and flippers out of the water and, remaining in the air, falls backwards slapping its flippers against the water (breaching). It is often seen with its fins and back out of the water. No large whale species is more acrobatic than the humpback whale. When it emerges from a long dive, a dense water spout shoots up from its blowholes, reaching 3 m in height and with a white appearance, broad in relation to its height. When it is feeding it may produce 4-8 blows (spouts) that are higher and narrower than normal, at 30 –second

un círculo a sus presas situándose debajo de éstas y formando una cortina de burbujas mientras asciende lentamente a la superficie; luego, cuando los peces, el plankton o el krill están confiados en esta "red de burbujas", la ballena abre la boca y los engulle.

Reproducción: La hembra alcanza la madurez sexual cuando tiene unos 12,4 m y el macho cuando tiene 12 m. Generalmente tiene sus crías a intervalos de dos años, rara vez cada año. Después de un período e gestación de 12 meses, pare una sola cría, la cual se desteta a los 10-12 meses.

Estado: Por su tendencia a concentrarse cerca de las costas, es presa fácil de los barcos balleneros que se encuentran allí. Por esta razón, sus poblaciones han sido seriamente afectadas y su recuperación es lenta desde que se declaró especie protegida en 1964. No obstante, se permiten capturas para la subsistencia en pesquerías del oeste de Groenlandia y en las Antillas Menores. Es una especie vulnerable y está incluida en el apéndice I de la CITES.

Notas: Se puede confundir con la ballena azul (*B. musculus*), el rorcual norteño (*B. borealis*), el rorcual común (*B. physalus*) y el rorcual de Bryde (*B. edeni*). Es vulnerable al ataque de orcas (*Orcinus orca*), especialmente en áreas de Nueva Inglaterra y el este de Canadá, donde esta ballena es común localmente. Su nombre se deriva del griego *megas* = grande y *pteron* = aleta, del latín *novus* = nuevo y del inglés medieval *angliae* = Inglaterra.

Dónde observar: En Costa Rica, en toda la costa del Pacífico, excepto el Golfo de Nicoya. Es fácil verla en el Golfo Dulce, la Isla del Caño, el Parque Nacional Corcovado y el Parque Nacional Marino Ballena, entre julio y diciembre. También es usual en los alrededores de la Isla de Coco.

---

intervals. Its body is generally infested with parasites as well as whale lice (cirripeds) and crustaceans.

Feeding: Consumes shoals of fish, krill and plankton and displays an interesting behavior as it feeds: it circles its prey, positioning itself beneath them and forming a curtain of bubbles while it rises slowly to the surface; then, when the fish, plankton or krill begin to "trust" this "net of bubbles", the whale opens its mouth and swallows them.

Reproduction: Females reach sexual maturity when they measure around 12.4 m and males at 12 m. Calves are generally born at two-year intervals, rarely every year. After a gestation period of 12 months, the female gives birth to a single calf, which is weaned at 10-12 months.

Status: Because of their tendency to gather near coasts, humpbacks are easy prey of the whaling ships that lurk there. For this reason, their populations have been seriously affected and their recovery has been slow since they were declared a protected species in 1964. However, subsistence hunting of humpbacks is permitted in fishing grounds off the western coasts of Greenland and in the Lesser Antilles. A vulnerable species included in Appendix I of CITES.

Notes: May be confused with the Blue Whale (*B. musculus*), the Sei Whale (*B. borealis*), the Fin Whale (*B. physalus*) and Bryde's Whale (*B. edeni*). It is vulnerable to attack by Killer Whales (*Orcinus orca*), especially in the waters off the coasts of New England and eastern Canada, where this whale is locally common. Its name is derived from the Greek *megas* = large and *pteron* = fin, from the Latin *novus* = new and the medieval English *angliae* = England.

Where to observe it: In Costa Rica, throughout the Pacific coast, except the Gulf of Nicoya. Easily spotted in Golfo Dulce, Isla del Caño, Corcovado National Park and Ballena Marine National Park, between July and December. It is also common in the area around Isla de Coco.

Megaptera novaeangliae — Laura May Collado

Physeter macrocephalus

Descripción: Alcanza 15 m de longitud en promedio y entre 14-43 toneladas de peso, aunque las hembras raramente sobrepasan los 12 m. La cabeza, que tiene forma de caja, representa cerca del 30-40% del cuerpo y aloja el cerebro más pesado del mundo (9,2 kg); tiene el orificio de respiración sobre el lado izquierdo. Esta enorme cabeza contiene el órgano espermaceti, una masa aceitosa blanca que aparentemente funciona como amortiguador de las altas presiones que soporta este cetáceo cuando bucea a más de 3.000 m de profundidad. El cuerpo es gris oscuro café a café oscuro, con apariencia arrugada. El vientre y la parte frontal de la cabeza son grisáceos a blancos. La piel alrededor de la boca es blanca. La mandíbula inferior es delgada y contiene 18-25 dientes funcionales de 20 cm de largo, la mandíbula superior tiene 10-16 dientes que rara vez se notan. La aleta dorsal tiene una distintiva joroba redondeada o triangular en la punta, se encuentra como a dos tercios de la cabeza y está seguida de una serie de protuberancias a lo largo de la línea dorsal.

Distribución: Es una especie cosmopolita y migratoria, se encuentra en todos los mares del mundo en ambos hemisferios, pero evita los casquetes polares. Las principales áreas de concentración de cachalotes en el Pacífico están cerca de la islas Hawai, la bahía de Panamá y alrededor de las islas Galápagos. En el Atlántico, en los alrededores de las islas Bahamas, las islas Británicas y las Azores. En Costa Rica, habita en todo el mar patrimonial del Pacífico (aunque no se han registrado individuos cerca de la Isla del Coco) y frente a la costa sur del mar Caribe. Residente en aguas de América Central.

Hábitos: Viaja solo o en grupos de 50 o más. Los machos generalmente son solitarios o forman pequeños grupos, excepto en la época reproductiva, cuando se juntan grupos maternales y de crianza durante el apareamiento. Emigra hacia latitudes norteñas en la primavera y el verano del hemisferio norte, retornando a zonas templadas y tropicales en otoño. Los grandes grupos están constituidos generalmente por manadas de machos sexualmente inactivos, juveniles o inmaduros. El cachalote puede sumergirse hasta profundidades de 3.300 m. Como la mayoría de las ballenas, después de un buceo de una hora o más, emerge emitiendo una explosivo chorro de agua.

Sperm Whale

Description: Grows to a length of 15 m on average and weighs 14-43 tons, though females rarely exceed 12 m. The box-shaped head represents almost 30-40% of the body and contains the heaviest brain in the world (9.2 kg); it has one blowhole on the left side. The enormous head contains the spermaceti organ, a white oily mass that apparently functions like a buffer, enabling this cetacean to withstand the high pressures to which it is subjected when it dives to depths of more than 3,000 m. The body is dark gray brown to dark brown, with a wrinkled appearance. The belly and the frontal part of the head are grayish to white. The skin around the mouth is white. The lower jaw is slender and contains 18-25 functional teeth measuring 20 cm long; the upper jaw has 10-16 teeth that are rarely noticeable. The dorsal fin, with its distinctive rounded or triangular hump at the tip, is situated about two-thirds along the head and is followed by a series of protuberances along the dorsal line.

Distribution: A cosmopolitan and migratory species, found in all the world's oceans in both hemispheres, but avoids the polar icecaps. The main gathering areas of Sperm Whales in the Pacific are near the Hawaiian islands, the bay of Panama and around the Galápagos Islands. In the Atlantic, in the seas around the Bahamas, the British Islands (Great Britain, Ireland, and adjacent smaller islands) and the Azores. In Costa Rica, it lives in all the territorial waters of the Pacific (though no individuals

Cachalote / Sperm Whale

Puede mantenerse en la superficie más de una hora y soplar más de 50 veces antes de volver a sumergirse. Cuando va a realizar un buceo profundo, levanta muy alto su amplia aleta caudal triangular y luego se sumerge. El chorro que emite es espeso, de 2,5 m de longitud, y sale en forma oblicua del lado izquierdo de la cabeza.

ALIMENTACIÓN: Come principalmente calamares gigantes, pulpos y una gran variedad de peces como salmones, bacalaos y rayas. En los estómagos de los cachalotes se han encontrado objetos como rocas, flotadores, arena, esponjas, placas de ballenas, almejas y botas humanas, lo cual sugiere que a veces escarban el fondo del mar en busca de alimento.

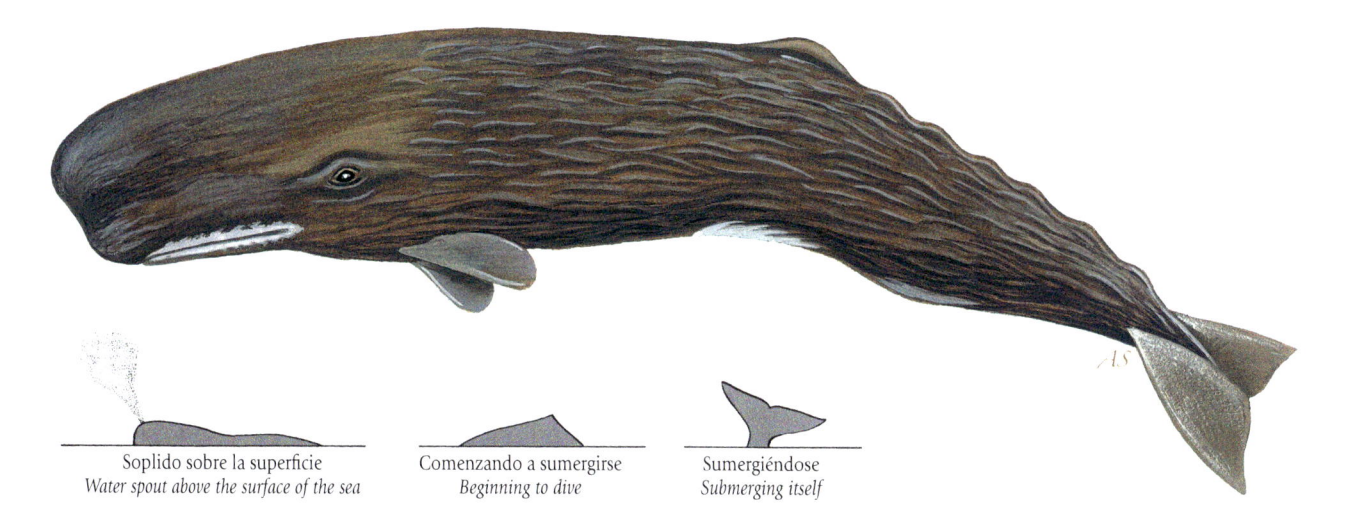

Soplido sobre la superficie
Water spout above the surface of the sea

Comenzando a sumergirse
Beginning to dive

Sumergiéndose
Submerging itself

have been sighted near Isla del Coco) and off the southern Caribbean coasts. Resident in waters of Central America.
HABITS: Travels alone or in groups of 50 or more. Males are generally solitary or form small pods, except during the breeding season, when many males get together with groups of mothers and their calves during mating. It migrates to northern latitudes in the spring and summer of the northern hemisphere, returning to temperate and tropical zones in the autumn. Large herds generally consist of groups of sexually inactive males or juveniles. The Sperm Whale can dive to depths of 3.300 m. Like most whales, after a dive of one hour or more, it surfaces ejecting an explosive water spout. It can remain on the surface for more than one hour and blow more than 50 times before diving once again. When it is about to make a deep dive, it lifts its broad triangular flukes very high and then dives. The spout is thick, 2.5 m long and shoots out obliquely from the left side of the head.
FEEDING: Mainly feeds on giant squid, octopuses and a great variety of fish such as salmon, cods and rays. Objects such as rocks, floaters, sand, sponges, whale plates, shellfish and human boots have been found in the stomachs of Sperm Whales, which suggests that they sometimes scratch the sea floor in search of food.

Reproducción: La hembra alcanza la madurez sexual a los 8-11 años de edad, cuando tiene 9 m de largo; el macho aproximadamente a los 10 años de edad y con 12 m de largo. La hembra pare una sola cría después de unos 15 meses de gestación, a la cual amamantan durante dos años. Las crías son de un color gris más claro que el de los adultos.

Estado: Los humanos han cazado este cetáceo desde el siglo XVIII, principalmente por su carne y el aceite del órgano espermaceti. En la actualidad su caza y su comercialización están prohibidos. Sin embargo, países como Japón, Rusia, España, Islandia, Perú y Brasil siguen operando pequeñas flotas balleneras con la excusa de que son capturas científicas, o bien de manera ilegal. Es una especie en peligro de extinción y está incluida en el Apéndice I de la CITES.

Notas: El intestino de esta ballena contiene una sustancia llamada ámbar gris, la cual llega a pesar hasta 100 kg y tiene un alto valor para la industria del perfume pues se usa como fijador, pese a que existen sustitutos sintéticos. El aceite del cuerpo y del órgano espermaceti tiene importancia económica por su gran calidad. Los cachalotes son atacados por las orcas (*Orcinus orca*) y también se cree que las cicatrices que usualmente tienen son producto de luchas con calamares gigantes. Su nombre proviene del griego *physeter* = soplador, *makros* = largo y *cephale* = cabeza.

Dónde observar: En Costa Rica, prácticamente en todo el mar patrimonial del Pacífico, excepto en la Isla del Coco. En el Caribe, frente a las costas de Cahuita y Gandoca-Manzanillo.

- Sitios de registro de la especie
- *Sites where the species has been observed*

Reproduction: Females reach sexual maturity at 8-11 years of age, when they are 9 m long; males at approximately 10 years of age when they measure 12 m. The female gives birth to a single calf after 15 months gestation, suckling it for two years. Young calves are a lighter gray than the adults.

Status: Humans have hunted this whale since the eighteenth century, mainly for its meat and the oil from its spermaceti organ. Nowadays its capture and sale are forbidden. However, countries such as Japan, Russia, Spain, Iceland, Peru and Brazil continue to operate small whaling fleets with the excuse that these are scientific catches, and some hunt them illegally. This species is endangered and is included in Appendix I of CITES.

Notes: The intestine of this whale contains a substance called gray amber, which weighs up to 100 kg and is highly valued by perfume industry for use as a fixative, even though synthetic substitutes are available. The oil from the body and the spermaceti organ has economic value because of its high quality. Sperm Whales are attacked by Killer Whales (*Orcinus orca*) and the scars they usually have are believed to be the result of fights with giant squids. Its name comes from the Greek *physeter* = blower, *makros* = long and *cephale* = head.

Where to observe it: In Costa Rica, in nearly all the territorial waters of the Pacific, except in Isla del Coco. In the Caribbean, off the coasts of Cahuita and Gandoca-Manzanillo.

Physeter macrocephalus   Miguel Iñíguez

Physeter macrocephalus   Miguel Iñíguez

Physeter macrocephalus   Miguel Iñíguez

Hyperoodon planifrons

Descripción: El macho alcanza 7 m de longitud y la hembra 7,5 m, con un peso de más de dos toneladas. Se asemeja al delfín hocico de botella (*Tursiops truncatus*) por la forma del cuerpo, pero tiene un bulbo (melón) grande al frente de la cabeza, más desarrollado en el macho adulto, que es visible cuando sale a la superficie a respirar. El hoyo de respiración es cóncavo, tiene forma de media luna y está situado detrás del bulbo. El chorro que sale del orificio de respiración es espeso, de unos 2 m de alto y está dirigido hacia delante. El cuerpo es gris claro a azulado oscuro, con los flancos más claros. Algunos individuos tienen pequeñas manchas blancas en el vientre y a los lados. Los machos viejos tienen la cabeza blanca. La aleta dorsal, en forma de gancho, tiene 30 cm altura y está ubicada a dos tercios de la cabeza. Las aletas pectorales son cortas y afiladas, cafés o grises. La aleta caudal es cóncava y carece de división en el centro. Posee un par de pliegues en la garganta en forma de V, orientados hacia la cola. Tiene un par de dientes bien desarrollados en la mandíbula inferior, que sólo son visibles en los machos adultos.

Distribución: Se encuentra únicamente en el hemisferio sur, en Brasil, Argentina, Chile y las aguas ecuatoriales del Pacífico. En Costa Rica, su presencia es ocasional, frente a las costas del Pacífico Central y el Pacífico Sur y al sureste de la Isla del Coco. Residente ocasional en aguas de América Central.

Hábitos: Se observa en grupos de 4-10 individuos, pero es más común verlo en parejas o solitario. Aparentemente desarrolla fuertes vínculos sociales con los miembros de su especie. Durante las migraciones se separan por sexos y grupos de edad y el macho dominante mantiene la integridad del grupo. Es un cetáceo buceador de profundidad (más de 180 m) y puede permanecer sumergido por una hora, lo cual parece ser común en esta especie. Aparentemente no es gregario y 6-7 individuos podrían constituir un grupo grande. Después de una larga inmersión, se mantiene en la superficie durante unos 10 minutos, resoplando a intervalos regulares. Después del último resoplido, muestra su aleta caudal y se sumerge. Se le ha observado nadando en línea recta, saliendo continuamente del agua y golpeándola con la cola.

Southern Bottlenose Whale

Description: The male grows to 7 m and the female 7.5 m, with a weight of more than two tons. Similar to the Bottlenose Dolphin (*Tursiops truncatus*) because of the shape of its body, but has a large melon on the forehead, more developed in the adult male, which is visible when it surfaces to breathe. The blowhole is concave, half-moon shaped and is situated behind the melon. The spout from the blowhole is thick, some 2 m high and is directed forwards. The body is light gray to dark blue gray, with lighter flanks. Some individuals have small white spots on the belly and on the sides. Old males have white heads. The dorsal fin, shaped like a hook, is 30 cm high and is situated two-thirds along the head. The flippers are short and pointed, brown or gray. The flukes are concave and lack a median notch. It has a pair of folds on the throat arranged in a V-shape, directed towards the tail. Has a well-developed pair of teeth on the lower jaw, which are only visible in adult males.

Distribution: Only found in the southern hemisphere, in Brazil, Argentina, Chile and the equatorial waters of the Pacific. In Costa Rica, occasionally present off the coasts of the Central and South Pacific and the southeast of Isla del Coco. Occasional resident in waters of Central America.

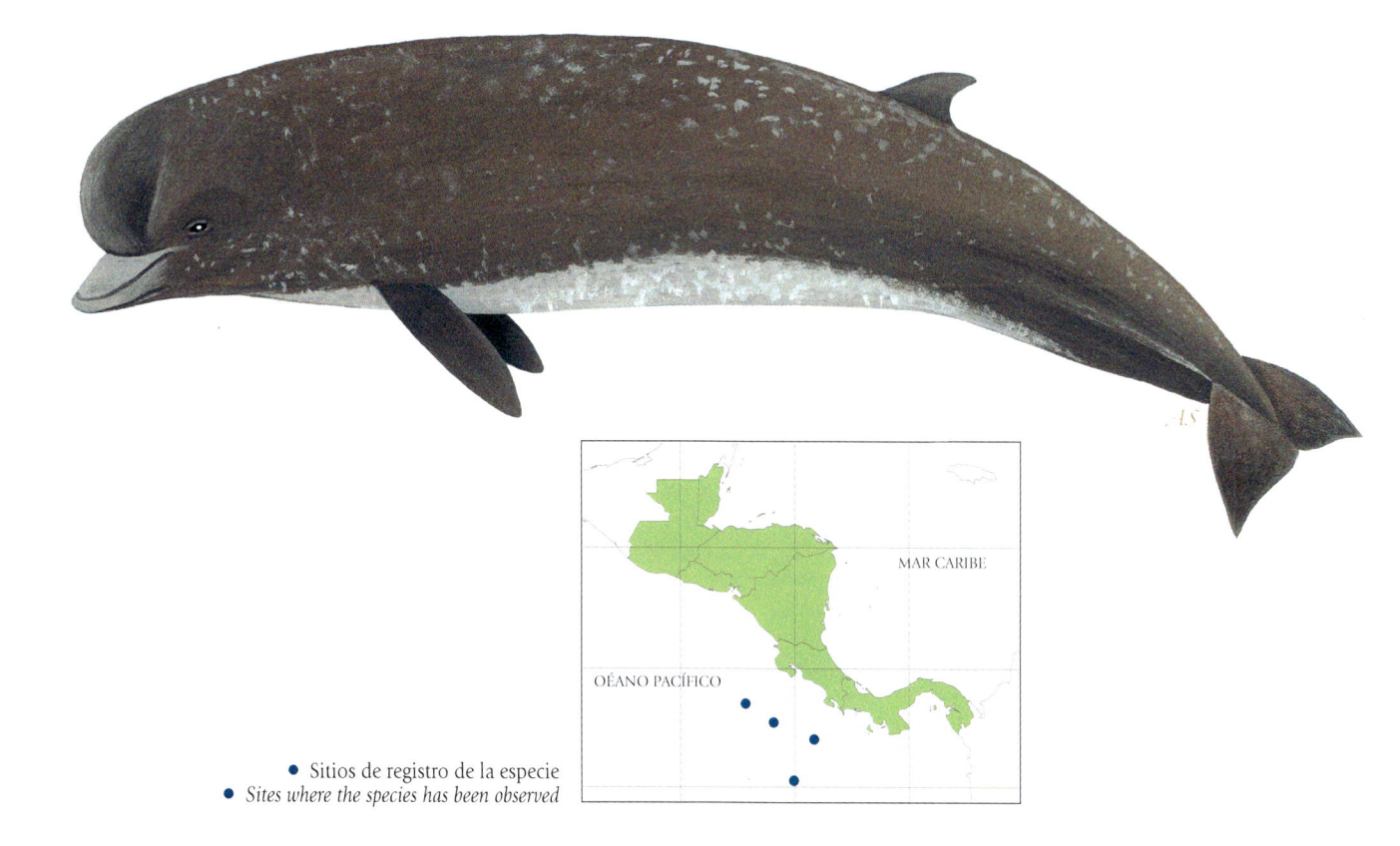

Ballena hocico de botella, Calderón picudo / Southern Bottlenose Whale

Sitios de registro de la especie
Sites where the species has been observed

HABITS: Observed in pods of 4-10 individuals, but is more commonly seen in pairs or alone. Apparently develops strong social relationships with members of its own species. During migrations, these whales separate by sexes and age groups and the dominant male keeps the group together. This cetacean is a deep sea diver (more than 180 m) and can remain submerged for one hour, which seems common in this species. Apparently it is not gregarious and 6-7 individuals may constitute a large group. After a long dive, it remains on the surface for about 10 minutes, blowing at regular intervals. After the last blow, it displays its flukes and dives. It has been observed swimming in a straight line, emerging continuously and slapping the water (lobtailing) with its tail.

FEEDING: Consumes cephalopods (squid and octopuses), also pelagic fish such as herrings and star fish, though the latter only occasionally.

REPRODUCTION: Females reach sexual maturity when they attain a length of about 6.7 m the male 7.3 m, around seven years of age. Females give birth to one calf after 12 months gestation, which is weaned when it is about a year old. The interval between each pregnancy is 2-3 years.

Alimentación: Consume cefalópodos (calamares y pulpos), también peces pelágicos como arenques y estrellas de mar, aunque estas últimas sólo ocasionalmente.

Reproducción: La hembra alcanza la madurez sexual cuando tiene unos 6,7 m de longitud y el macho 7,3 m, cerca de los siete años de edad. La hembra pare una cría después de 12 meses de gestación, la cual es destetada a partir de un año de edad. El intervalo entre cada preñez es de 2-3 años.

Estado: Es una especie que nunca ha sido explotada comercialmente ni a gran escala. La flota pelágica de la antigua Unión Soviética es responsable de la captura de unos pocos individuos. No existen suficientes datos sobre la situación de sus poblaciones. Está incluida en el Apéndice I de la CITES.

Notas: Se desconocen sus depredadores naturales, aunque se cree que las orcas (*Orcinus orca*) están entre ellos. Probablemente vive hasta los 37 años. A veces ocurren varamientos de hasta cuatro individuos a la vez. Se puede confundir con el ballenato picudo (*Mesoplodon densirostris*) y sobre todo con el zifio careto (*Ziphius cavirostris*), pero el mayor tamaño del bulbo de la frente en la cabeza de *H. planifrons* puede ayudar a diferenciarlas. Además, en los animales muertos la dentición es importante para la identificación, ya que *H. planifrons* tiene sólo un par de dientes en la mandíbula inferior y *Z. cavirostris* tiene dos pares. El nombre *Hyperoodon* proviene del griego *hyperoon* = paladar superior; *planifrons* se origina en *planus* = nivel y *frons* = frente, ambas del latín.

Dónde observar: En Costa Rica, el punto más cercano a la costa para observar esta especie es la Península de Osa, frente al Parque Nacional Corcovado y en los alrededores de la Isla del Caño.

Status: This species has never been exploited commercially or on a large scale. Pelagic fleets of the former Soviet Union were responsible for the capture of a few individuals. There is not sufficient data on the status of its populations. It is included in Appendix I of CITES.

Notes: Its natural predators are not known, though Killer Whales (*Orcinus orca*) are thought to be among them. Probably lives to 37 years. Sometimes strandings involving up to four individuals at a time occur. May be confused with the Beaked Whale (*Mesoplodon densirostris*) and especially with the Cuvier's Beaked Whale (*Ziphius cavirostris*), but the larger bulge on the forehead of *H. planifrons* can help to differentiate it. Also, in dead animals the teeth are important for identification purposes, since *H. planifrons* has only one pair of teeth in the lower jaw and *Z. cavirostris* has two pairs. The name *Hyperoodon* comes from the Greek *hyperoon* = upper palate; *planifrons* comes from *planus* = level, flat and *frons* = forehead, both from the Latin.

Where to observe it: In Costa Rica, the closest point to the coast to observe this species is the Osa Peninsula, opposite Corcovado National Park and the area around Isla del Caño.

Ziphius cavirostris

Zifio careto, Ballenato de Cuvier, Ballena de Cuvier
Cuvier's Beaked Whale

Descripción: Alcanza un máximo de 7,5 m de longitud y un peso de tres toneladas. La cabeza es pequeña y angosta. El cuerpo es largo y robusto. Su color puede variar mucho, el dorso es generalmente café oscuro a negro, gris profundo o café claro; el vientre blanco a crema con machas ovales, aunque algunos individuos son oscuros. Tiene un par de surcos en forma de V en la garganta. La espalda y los costados presentan cicatrices que son resultado de peleas con otras especies. La cabeza es de color más claro que el resto del cuerpo, con apariencia ligeramente cóncava o en forma de cucharón, con el hocico corto y poco definido. Tiene un diente cónico a cada lado de la mandíbula inferior, ausente en las hembras. La aleta dorsal es alta, de 38 cm, ligeramente curvada o triangular y situada casi a la mitad del cuerpo. Las aletas pectorales son pequeñas y redondeadas. La aleta caudal es larga y ahusada, sin ranura en el centro.

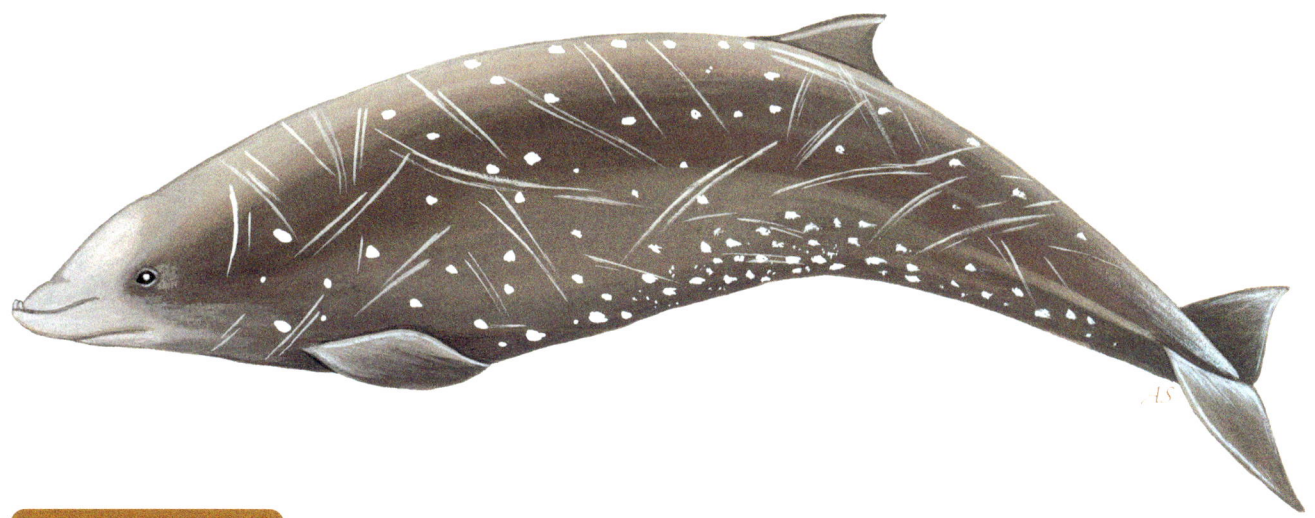

Cuvier's Beaked Whale

Description: Reaches a maximum length of 7.5 m and weighs three tons. The head is small and narrow. The body is long and robust. The color may vary considerably, the back is generally dark brown to black, deep gray or light brown; the belly white to cream with oval spots or dots, though some individuals are dark. Has a pair of V-shaped folds on the throat. The back and sides are scarred, usually as a result of fights with other species. The head is a lighter color than the rest of the body, with a slightly concave or ladle-like appearance, with a short, undefined snout. Has a conical tooth on each side of the lower jaw, which is absent in females. The dorsal fin is high, 38 cm, slightly curved or triangular and situated almost half way along the body. The flippers are small and rounded. The flukes are long and tapering, without a median notch.

Distribution: One of the most widely distributed cetaceans in tropical and temperate waters. From the seas of North America to Tierra del Fuego; the seas around Australia, New Zealand, the Mediterranean, the Caribbean and Japan. Seems to avoid the upper latitudes of both hemispheres as well as the continental masses, remaining at a distance of at least 1,000 m offshore.

Distribución: Es uno de los cetáceos más ampliamente distribuidos en aguas tropicales y templadas. Desde el mar de Norteamérica hasta Tierra del Fuego; los mares de Australia, Nueva Zelanda, el Mediterráneo, el Caribe y Japón. Parece evitar las latitudes altas de ambos hemisferios así como las masas continentales, acercándose como máximo a unos 1.000 m de las costas. En Costa Rica, en el mar Pacífico, incluyendo la Isla del Coco. Residente en aguas de América Central.

Hábitos: Se encuentra solo o en grupos de hasta 25 individuos, pero usualmente 3-10. Se le ha observado saltando fuera del agua y cayendo luego de espaldas, aunque este comportamiento parece poco frecuente. Su cabeza redonda puede verse durante el soplido, al nadar en la superficie y tomar aire por 20 segundos antes de sumergirse otra vez. Es una especie de buceo de profundidad, pues llega más allá de los 1.000 m y permanece sumergida por 30 minutos, después sale y respira, lanzando un pequeño chorro de agua hacia el frente y a la izquierda de la cabeza. La inmersión es vertical y a menudo levanta la aleta caudal. Algunos individuos tienen cicatrices ovales blancas en el

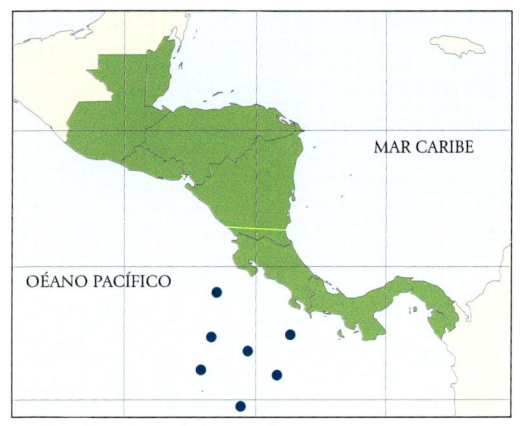

- Sitios de registro de la especie
- *Sites where the species has been observed*

In Costa Rica, in the Pacific Ocean, including Isla del Coco. Resident in waters of Central America.

Habits: Is found alone or in groups of up to 25 individuals, but usually 3-10. Has been observed leaping out of the water and then crashing backwards (breaching), though this behavior seems infrequent. The round head is visible when it blows, as it swims on the surface and takes in air for 20 seconds before diving once again. It is a deep sea diver, plunging to depths of more than 1,000 m and remaining submerged for 30 minutes, after which it emerges to breathe, shooting a small spout of water forwards and to the left of the head. Immersion is vertical and it often raises its flukes. Some individuals have oval white scars on the belly, apparently caused by lampreys and crustaceans. Individual strandings are more common in this species than in Blainville's Beaked Whale (*Mesoplodon densirostris*). This animal is suspicious of humans and avoids boats.

Feeding: Its diet consists of deep-water fish and squid.

Reproduction: Females reach sexual maturity when they measure 6 m in length and the male 5.5 m. In populations of this species, males are more numerous than females (67% *versus* 33%). The

Zifio careto, Ballenato de Cuvier, Ballena de Cuvier
Cuvier's Beaked Whale

vientre, causadas aparentemente por lampreas y crustáceos. Los varamientos individuales son más comunes en esta especie que en el ballenato picudo (*Mesoplodon densirostris*). Es un animal receloso de la presencia humana y evita los botes.

Alimentación: Su dieta consiste de peces de aguas profundas y calamares.

Reproducción: La hembra alcanza la madurez sexual cuando tiene 6 m de longitud y el macho 5,5 m. En sus poblaciones, los machos son más abundantes que las hembras (67% *versus* 33%). La hembra tiene una cría por parto, después de un período de gestación cercano a un año. Se reproduce a través de todo el año.

Estado: En la actualidad, esta especie es cazada ocasionalmente en las Antillas Menores. En décadas pasadas, barcos militares de España y Francia las utilizaron como blancos en el mar Mediterráneo. No existen suficientes datos sobre la situación de sus poblaciones. Está incluida en el Apéndice II de la CITES.

Notas: Es un cetáceo que suele encallar en las costas. En el mar se puede confundir con otras especies de los géneros *Mesoplodon* e *Hyperoodon*, pero su pico reducido y la ausencia de un bulbo desarrollado en la frente ayudan a diferenciarla. Puede vivir hasta 37 años. Su nombre se deriva del griego *ziphos* = espada y *cavus* = hoyo y del latín *rostrum* = pico.

Dónde observar: En Costa Rica, frente a las costas del Refugio Nacional de Vida Silvestre Tamarindo (Guanacaste) y sus alrededores, en la Península de Osa y en la boca del Golfo Dulce.

female gives birth to one calf, after a gestation period of nearly one year. Reproduction occurs throughout the year.

Status: Nowadays these whales are only hunted occasionally in the Lesser Antilles. In previous decades, military ships from Spain and France used them as targets in the Mediterranean sea. There is insufficient data on the status of its populations. It is included in Appendix II of CITES.

Notes: This cetacean tends to become stranded on the shore. In the sea may be confused with other species of the genera *Mesoplodon* and *Hyperoodon*, but its short beak and the absence of a developed melon on the forehead help to differentiate it. It can live for up to 37 years. Its name is derived from the Greek *ziphos* = sword and *cavus* = hole and from the Latin *rostrum* = beak.

Where to observe it: In Costa Rica, off the coasts of Tamarindo National Wildlife Refuge (Guanacaste) and surrounding areas, in the Osa Peninsula and the mouth of Golfo Dulce.

Mesoplodon densirostris

Descripción: Alcanza hasta 6 m longitud y una tonelada de peso; el macho es más pesado que las hembra. Tiene una protuberancia alta cerca de las esquinas de la boca, a cada lado de la mandíbula inferior, que se dobla hacia adentro. La cabeza a menudo es aplanada justo frente al hoyo de respiración, una característica que puede ayudar a su identificación. Posee un par de dientes visibles, situados cada uno a la mitad de la mandíbula inferior, insertados sobre las protuberancias; en algunos casos éstas tienen incrustados crustáceos de concha dura. Los dientes son más grandes en los machos. El cuerpo es negro a gris ceniza en el dorso y más claro o con manchas blancas en el vientre; tiene rasguños y cicatrices. Las aletas pectorales tienen un tono más claro que el dorso. La aleta caudal mide 1 m de largo.

Distribución: Es la especie de *Mosoplodon* más ampliamente distribuida. Habita en aguas cálidas tropicales y en zonas templadas de todos los océanos; desde las costas de Nueva Escocia hasta Florida en Estados Unidos, las Bahamas y el Golfo de México, el mar Mediterráneo, el Océano Indico, Australia y Japón. Ausente en las regiones polares. En Costa Rica, al sureste dentro del mar patrimonial del Pacífico y al sureste de la Isla del Coco. Residente en aguas de América Central.

Hábitos: Los datos sobre su historia natural son escasos. Usualmente viaja solo o en pequeños grupos de 3-6 individuos. Puede sumergirse a más de 800 metros de profundidad y permanecer bajo el agua por espacio de 10 a 40 minutos; sale a la superficie unos pocos minutos para respirar y vuelve a sumergirse. Esta especie puede identificarse en el mar por su nado, pues al hacerlo empuja la barbilla, el hocico y la aleta dorsal fuera del agua. Produce sonidos similares a gorjeos y silbidos. Los sonogramas muestran que al menos algunos de esos sonidos son pulsaciones, lo cual indica que este cetáceo podrían estar usando la ecolocalización para comunicarse, navegar o encontrar alimento. Son susceptibles de varamientos.

Alimentación: Su dieta consiste de peces y calamares, en aguas profundas.

Reproducción: Ambos sexos alcanzan la madurez sexual alrededor de los nueve años de edad.

Estado: Hasta 1972 esta especie sólo se conocía por restos de esqueletos. Los datos sobre la situación de sus poblaciones son muy escasos. Está incluida en el Apéndice II de la CITES.

Notas: En el mar, sólo los adultos pueden ser diferenciados de otras especies de *Mesoplodon*, por el desarrollo de la

Blainville's Beaked Whale

Description: Grows to 6 m and weighs one ton; the male is heavier than the female. It has a high protuberance near the corners of the mouth, on each side of the lower jaw, which folds inwards. The head is often flat just in front of the blowhole, a characteristic that can help in its identification. It has a pair of visible teeth, each situated half way along the lower jaw, inserted into the protuberances; in some cases these are incrusted with hard-shelled crustaceans. The teeth are larger in males. The body is black to ash gray on the back and lighter or with white spots on the belly; it has scratches and scars. The flippers are of a lighter color than the back. The flukes measure 1 m.

Distribution: This is the most widely distributed species of *Mosoplodon*. It lives in warm tropical waters and temperate zones of all the oceans; from the coasts of Nova Scotia to Florida in the United States, the Bahamas and the Gulf of Mexico, the Mediterranean Sea, the Indian Ocean, Australia and Japan. Absent in the polar regions. In Costa Rica, in territorial waters of the southeast Pacific and southeast of Isla del Coco. Resident in waters of Central America.

Habits: Little data is available on its natural history. Usually travels alone or in small pods of 3-6 individuals. May dive to depths of more than 800 meters and remain underwater for

Ballenato picudo de Bainville, Mesoplodonte / Blainville's Beaked Whale

protuberancia en las partes laterales del hocico. El nombre *Mesoplodon* se deriva del griego *mesos* = medio, *hopla* = brazos y *odon* = dientes, mientras que *densirostris* proviene del latín *densus* = denso y *rostrum* = pico.

DÓNDE OBSERVAR: En Costa Rica, unos 5 km al sur de Punta Burica y 80 km al sureste de la Isla del Coco.

- Sitios de registro de la especie
- *Sites where the species has been observed*

10 to 40 minutes; it swims to the surface for a few minutes to breathe and then dives once again. In the sea, this species may be identified by its swimming pattern, since it swims by pushing its chin, snout and dorsal fin out of the water. Produces sounds similar to trills and whistles. Sonograms show that at least some of these sounds are pulsations, indicating that this species may use echolocation to communicate, navigate or find food. This species is susceptible to stranding.

FEEDING: Its diet consists of deep water fish and squid.

REPRODUCTION: Both sexes reach sexual maturity at around nine years of age.

STATUS: Until 1972 this species was only known from skeleton remains. Data on the status of its populations is very scant. It is included in Appendix II of CITES.

NOTES: In the sea, only adults may be differentiated from other *Mesoplodon* species by the development of a protuberance on the sides of the snout. The name *Mesoplodon* is derived from the Greek *mesos* = middle, *hopla* = arms and *odon* = teeth, while *densirostris* comes from the Latin *densus* = dense and *rostrum* = beak.

WHERE TO OBSERVE IT: In Costa Rica, around 5 km south of Punta Burica and 80 km southeast of Isla del Coco.

Mesoplodon grayi

Descripción: Los adultos llegan a alcanzar 5,5-6 m de longitud y cerca de 1,2 toneladas de peso. El cuerpo es café oscuro a negro en el dorso, aclarándose a gris o blanco a los lados y en el vientre, con unas manchas blancas que le dan un aspecto moteado. La cabeza es pequeña y angosta. El hocico y la garganta son a menudo blancos o blancos con manchas oscuras, pero invariablemente blanco alrededor del ombligo, la abertura genital y el ano. Posee sólo dos dientes en la mandíbula inferior, situados unos 24 cm hacia atrás de la punta del hocico, triangulares y aserrados; en la mandíbula superior tiene 17-22 dientes pequeños.

Distribución: En el hemisferio sur (Australia, Nueva Zelanda, Argentina y Suráfrica), en la costa del mar Caribe y aparentemente común en el Océano Índico y al este de Madagascar. En Costa Rica, es una especie restringida al límite del mar patrimonial del Pacífico y al suroeste de la Isla del Coco.

Hábitos: Los datos sobre su historia natural son muy escasos. Viaja en grupos de 3-7 individuos. Se comunica con otros de su especie mediante chasquidos y silbidos. Un hábito peculiar de este cetáceo es que levanta el hocico blanco fuera del agua para respirar, rompiendo la superficie de la misma. Es una especie susceptible de varamientos.

Alimentación: Se alimenta de calamares y peces pequeños.

Reproducción: Los datos son muy escasos. Ambos sexos alcanzan la madurez sexual alrededor de los nueve años de edad.

Estado: Está incluida en el Apéndice II de la CITES.

Notas: En el mar, es difícil distinguir a *M. grayi* de otras especies del género. Si se tiene el conocimiento necesario es posible identificar al macho. En adultos muertos, la identificación se basa en la observación del tamaño y la ubicación de los dientes. Los varamientos son frecuentes en Nueva Zelanda, Argentina y al sur de África. Es atacada por la orca (*Orcinus orca*) y la falsa orca (*Pseudorca crassidens*). La denominación *grayi* proviene del nombre de un director del Museo Británico en el siglo XIX, de apellido Gray.

Dónde observar: En Costa Rica, unos 200 km al suroeste de la Isla del Coco.

Gray's Beaked Whale

Description: Adults may reach a length of 5.5-6 m and a weight of nearly 1.2 tons. The body is dark brown to black on the back, fading to gray or white on the sides and the belly with some white spots that give it a mottled appearance. The head is small and narrow. The snout and the throat are often white or white with dark spots, but invariably white around the navel, the genital opening and the anus. This species has only two teeth in the lower jaw, set about 24 cm behind the tip of the snout, triangular and serrated; there are 17-22 small teeth in the upper jaw.

Distribution: In the southern hemisphere (Australia, New Zealand, Argentina and South Africa), off the Caribbean coasts and apparently common in the Indian Ocean and to the east of Madagascar. In Costa Rica this species is restricted to the limits of the Pacific territorial waters and to the southwest of Isla del Coco.

Habits: Information on its natural history is very limited. It travels in pods of 3-7 individuals. It communicates with others of its species through clicks and whistles. A peculiar habit of this

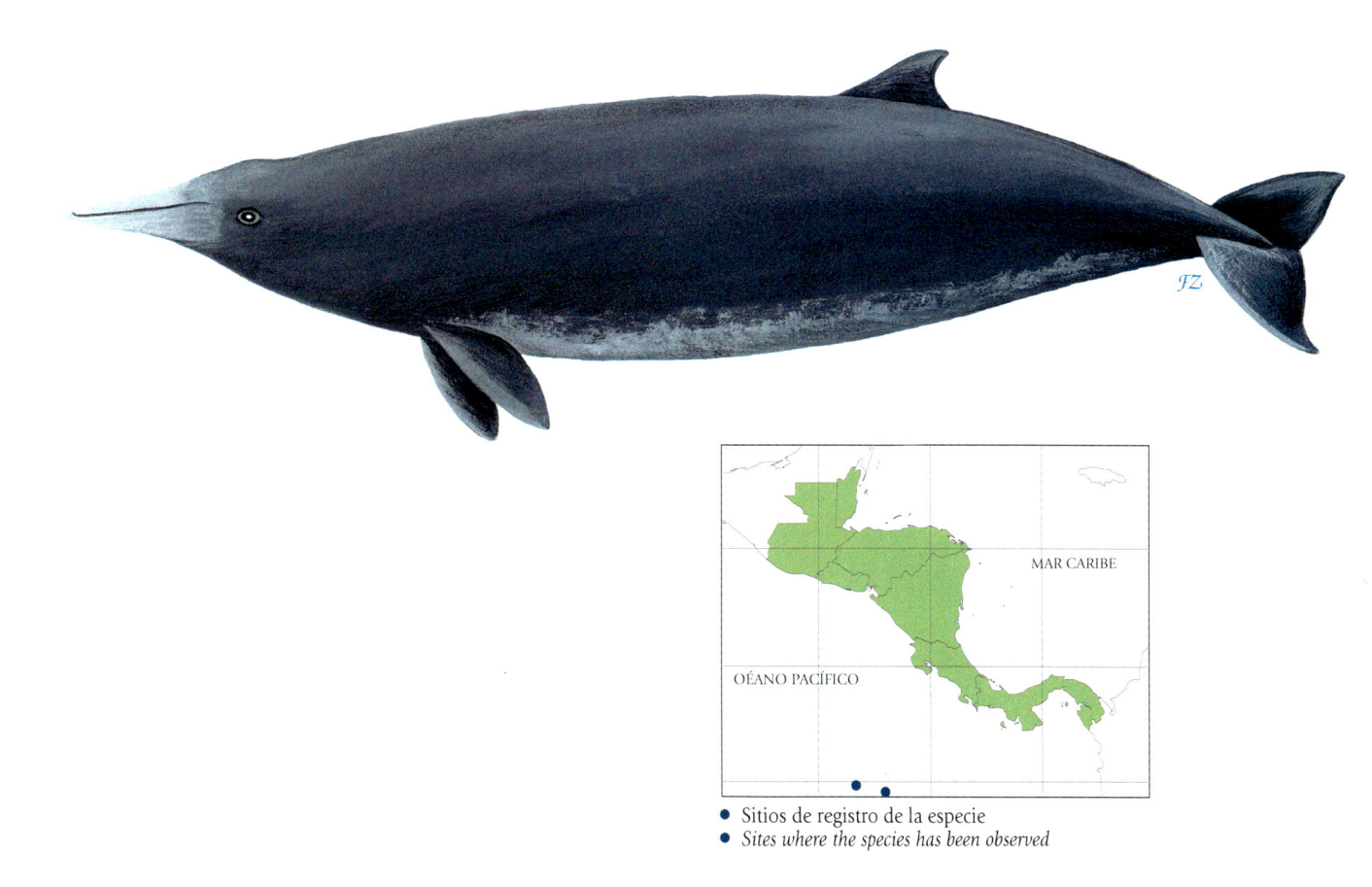

Ballena picuda, Ballenato picudo de Gray / Gray's Beaked Whale

Sitios de registro de la especie
Sites where the species has been observed

cetacean is that it lifts its white snout out of the water to breathe, breaking the surface of the water. This species is susceptible to stranding.

Feeding: It feeds on squid and small fish.

Reproduction: The information is very limited. Both sexes reach sexual maturity around the age of nine years.

Status: It is included in Appendix II of CITES.

Notes: At sea, it is difficult to distinguish *M. grayi* from other species of the genus. With sufficient knowledge it is possible to identify the male. In dead adults, identification is based on observation of the size and location of the teeth. Strandings are frequent in New Zealand, Argentina and South Africa. It is attacked by the Killer Whale(*Orcinus orca*) and the False Killer whale (*Pseudorca crassidens*). The name *grayi* comes from the name of a nineteenth century director of the British Museum whose surname was Gray.

Where to observe it: In Costa Rica, some 200 km southwest of Isla del Coco.

Kogia breviceps

Descripción: Los adultos alcanzan 2,7-3,4 m de longitud y 408 kg de peso. No existe dimorfismo sexual. El cuerpo es robusto, la cabeza corta y la cola angosta. La cabeza es cónica, semejante a la del cachalote enano (*K. simus*), pero la mandíbula es proporcionalmente más pequeña. Suele ser confundido con tiburones, debido a que la mandíbula inferior termina detrás de la punta del hocico. El cuerpo tiene una apariencia arrugada, es azul grisáceo a azul oscuro en el dorso hasta rosado o blanco en el vientre. Las aletas pectorales se encuentran debajo y detrás de las falsas agallas, en la parte anterior del cuerpo. No tiene dientes funcionales en la mandíbula superior, pero sí posee 12-16 pares de dientes en la mandíbula inferior, éstos son delgados, de unos 30 mm de altura y 4,5 mm de diámetro, curvados y puntiagudos. El orificio de respiración no está sobre la cabeza sino sobre el lado izquierdo y su forma difiere entre los individuos de esta especie.

Distribución: Es una especie cosmopolita, se encuentra cerca de zonas templadas, subtropicales y tropicales. Se distribuye en todos los océanos del mundo, desde el sur de Cuba hasta Nueva Escocia, la costa oeste de Estados Unidos, el golfo de California, Perú, India, Japón, África y Europa. En Costa Rica, en el Pacífico sur, frente a la Península de Osa. Residente en aguas de América Central.

Hábitos: Como sucede con el cachalote enano (*K. simus*), se conoce muy poco sobre el comportamiento de esta especie. Todo lo que conocemos proviene de la información sobre los varamientos que parecen ser comunes en ella. Aparentemente es una especie no gregaria, así que 6-7 individuos podrían constituir un gran grupo. No es fácil observarlo en el mar. Se ha reportado que se mantiene suavemente sobre la superficie del agua para respirar, manteniendo el rostrum apenas sumergido, con la cola ligeramente levantada; produce un chorro poco visible y no se mueve rápido en la superficie como otros cetáceos pequeños. Igual que el cachalote (*Physeter macrocephalus*), posee un órgano espermaceti, eso sugiere que tiene la capacidad de bucear en aguas profundas y permanecer sumergidos durante largos períodos. Esta especie tiene dos comportamientos únicos: uno es la expulsión por el colon de un fluido café rojizo (llamado tintado) cuando está excitada, asustada, alimentándose o realizando alguna actividad que implique una gran demanda de energía, aunque no se sabe si esto tiene alguna función; el otro es la regurgitación de alimentos. Como los calamares son su principal fuente de alimentación, este cachalote regurgita el "pico" y la "pluma" de este molusco. Aparentemente no es un nadador veloz.

Pygmy Sperm Whale

Description: Adults grow to 2.7-3.4 m long and weight 408 kg. There is no sexual dimorphism. The body is robust, the head short and the tail narrow. The head is conical, similar to the Dwarf Sperm Whale (*K. simus*), but the jaw is proportionally smaller. Tends to be confused with sharks because the lower jaw ends behind the tip of the snout. The body has a wrinkled appearance, is grayish blue to dark blue on the back and pink or white on the belly. The flippers are located beneath and behind the false gills, on the front part of the body. It has no functional teeth in the upper jaw, but has 12-16 pairs of teeth in the lower jaw, which are slender, some 30 mm high and 4.5 mm in diameter, curved and pointed. The blowhole is not on the top of the head but on the left side and its shape varies among individuals of this species.

Distribution: This cosmopolitan species is found in temperate, subtropical and tropical zones. Is distributed in all the world's oceans, from southern Cuba to Nova Scotia, the west coast of the United States, the Gulf of California, Peru, India, Japan, Africa

Cachalote pigmeo / Pygmy Sperm Whale

Alimentación: Consume principalmente cefalópodos (calamares y pulpos), cangrejos y peces. Las heces de color café rojizo que deja en el agua pueden ser un buen rastro para detectar su presencia.

Reproducción: La hembra alcanza la madurez sexual cuando tiene 2,6-2,8 m de longitud y el macho 2,7-3 m. La hembra pare una cría, raramente dos, después de 11 meses de gestación. Se estima que la reproducción es anual, porque se han observado tanto hembras preñadas como hembras con crías a lo largo del año.

Estado: No hay datos sobre la abundancia de sus poblaciones. Algunos balleneros llevan a cabo explotaciones casuales, mientras que en Japón e Indonesia unos pocos individuos son capturados con arpón de mano. Está incluida en el Apéndice II de la CITES.

and Europe. In Costa Rica, in the south Pacific, off the Osa Peninsula. Resident in waters of Central America

Habits: As with the Dwarf Sperm Whale (*K. simus*), very little is known about the behavior of this species. Everything we know comes from the information obtained from strandings that appear to be common in this species. Apparently it is not gregarious, and therefore 6-7 individuals may constitute a large pod. It is not easy to observe in the sea. It is said to lie gently (logging) on the surface of the water to breathe, keeping the rostrum barely submerged, with the tail slightly raised; its spout is not very visible and it does not move rapidly on the surface as other small cetaceans do. Like the Sperm Whale (*Physeter macrocephalus*), it has a spermaceti organ, which suggests that it is capable of diving into deep waters and remaining submerged for long periods. This species has two unique behaviors: one involves ejecting a reddish brown fluid from the colon (known as "inking"), when it is excited, frightened, feeding or performing some activity that involves a great output of energy,

Notas: Después del delfín hocico de botella (*Tursiops truncatus*), esta es la segunda especie de cetáceo que encalla más comúnmente, sobre todo en el suroeste de Estados Unidos. En alta mar puede confundirse con el cachalote enano (*K. simus*), algunas especies de delfines y la ballena picuda (*Mesoplodon grayi*). Esta especie no soporta el cautiverio y muere a los pocos días o semanas de ser confinada a un acuario. La denominación *Kogia* proviene del nombre de un ciudadano turco llamado Cogia Efendi, quien observó ballenas en las costas mediterráneas; *breviceps* se origina en el latín *brevis-cepitis* = cabeza corta.

Dónde observar: En Costa Rica, a lo largo de la Península de Osa, frente al Parque Nacional Corcovado, la Isla del Caño y en la boca del Golfo Dulce.

• Sitios de registro de la especie
• *Sites where the species has been observed*

though it is not known whether this has some function; the other is regurgitating food. Since squid is its main food source, this Sperm Whale regurgitates the "beak" and "pens" of these mollusks. Apparently it is not a fast swimmer.

Feeding: Mainly consumes cephalopods (squid and octopuses), crabs and fish. The reddish brown feces that it leaves in the water may be a good indicator to detect its presence.

Reproduction: Females reach sexual maturity when they attain a length of 2.6-2.8 m and males 2.7-3 m. The female gives birth to one calf, rarely two, after 11 months gestation. Reproduction is believed to be annual, because both pregnant females and females with young have been observed throughout the year.

Status: There are no figures on the status of its populations. Some whalers exploit this species on a occasional basis, while in Japan and Indonesia a few individuals are caught with hand-held harpoons. It is included in Appendix II of CITES.

Notes: After the Bottlenose Dolphin (*Tursiops truncatus*), this is the second cetacean species that most commonly runs aground, especially in the southwest of the United States. On the high seas it may be confused with the Dwarf Sperm Whale (*K. simus*), some species of dolphins and the Beaked Whale (*Mesoplodon grayi*). This species does not tolerate captivity and dies within a few days or weeks of being confined to an aquarium. The name *Kogia* comes from the name of a Turkish citizen called Cogia Efendi, who observed whales on the Mediterranean coasts; *breviceps* is derived from the Latin *brevis-cepitis* = short head.

Where to observe it: In Costa Rica, along the shores of the Osa Peninsula, opposite Corcovado National Park, Isla del Caño and the mouth of Golfo Dulce.

Kogia simus

Cachalote enano / **Dwarf Sperm Whale**

Descripción: Es una especie pequeña en comparación con otros cetáceos. Al nacer mide 1 m de longitud y cuando es adulta alcanza 2,1-2,7 m y 272 kg de peso. Es muy similar al cachalote pigmeo (*K. breviceps*) pero de menor tamaño, se diferencia de éste en que el hocico es considerablemente más corto y más aplanado, aunque con la edad cambia marcadamente de forma. En los individuos jóvenes, las partes laterales detrás de la boca están dobladas hacia afuera y hacia abajo (a manera de falsas agallas), en los adultos este rasgo es menos conspicuo. El cuerpo es gris azulado en el dorso y rosado o blanco en el vientre. La aleta dorsal es grande y falciforme, un 5% de la longitud del cuerpo, semejante a la del delfín nariz de botella y situada cerca del centro de la espalda. Tiene muchos surcos cortos e irregulares en la garganta. Como los otros cachalotes, el cachalote enano suele tener un cuerpo de apariencia arrugada. Posee 7-12 pares de dientes cortos en la mandíbula superior, proporcionalmente más largos que los del cachalote pigmeo.

Dwarf Sperm Whale

Description: A small species compared with other cetaceans. At birth it measures 1 m in length and as an adult it may grow to 2.1-2.7 m and weigh 272 kg. Very similar to the Pygmy Sperm Whale (*K. breviceps*) but smaller in size, and is distinguished from the latter in that the snout is considerably shorter and flatter, although with age its shape changes markedly. In young individuals, the lateral parts behind the mouth are folded outwards and downwards (like false gills), in the adults this feature is less conspicuous. The body is blue-gray on the back and pink or white on the belly. The dorsal fin is large and hooked, 5% of the body length, similar to the Bottlenose Dolphin and situated near the center of the back. It has many short, irregular grooves on the throat. Like the other Sperm Whales, the Dwarf Sperm Whale's body tends to have a wrinkled appearance. It has 7-12 pairs of teeth short in the upper jaw, proportionally longer than those of the Pygmy Sperm Whale.

Distribución: Esta está confinada a latitudes templadas y tropicales, prefiriendo las aguas cálidas. A lo largo de las costas de Norteamérica, desde Virginia (Estados Unidos) hasta las Antillas Menores y a través del Golfo de México y Baja California. En Costa Rica, frente a las costas del Pacífico Central pero mar adentro y en el extremo sur del mar patrimonial, al sur de la Isla del Coco. Residente en aguas de América Central.

Hábitos: Se conoce muy poco sobre su historia natural. Es un animal típicamente social y suele encontrarse en grupos de hasta 10 individuos. Los grupos son de tres tipos: hembras y sus crías, inmaduros y adultos de ambos sexos sin crías. Parece preferir más las aguas cercanas a las costas que el cachalote pigmeo y tal vez se concentra a lo largo de la costa continental. Tiene un buceo profundo de hasta 300 m. Aparentemente es una especie migratoria estacional, pero este dato no está documentado. A menudo se le observa flotando sobre la superficie del agua, cerca de la orilla. Esta especie pelea con otros cachalotes, pero se desconoce el significado de este comportamiento. Emite un soplido poco visible y corto, después del cual se sumerge.

Alimentación: Come principalmente calamares, también crustáceos, peces de profundidades de 300 m, krill, invertebrados, medusas de arena, calamares, arenques y peces lámpara.

Reproducción: Tanto la hembra como el macho alcanzan la madurez sexual cuando tienen entre 2,1 y 2,2 m de longitud, después de lo cual su tamaño no cambia. La hembra pare una cría después de nueve meses de gestación. Las hembras preñadas suelen estar acompañadas de una cría, lo cual sugiere que se reproducen cada año.

Estado: Como esta especie no tiene gran importancia económica para los humanos en la actualidad, se piensa que su rareza puede deberse a una excesiva explotación en el pasado. No existen suficientes datos sobre la situación de sus poblaciones. Está incluida en el Apéndice II de la CITES.

Notas: Se confunde fácilmente con el cachalote pigmeo (*K. breviceps*), algunas especies de delfines, la orca pigmea (*Feresa attenuata*) y la orca enana (*Peponocephala electra*); la confusión con estas dos últimas se debe a su similar coloración, pero a diferencia de éstas, *K. simus* forma grandes agrupaciones y nada

Distribution: This species is confined to temperate and tropical latitudes, preferring warm waters. Along the coasts of North America, from Virginia (United States) to the Lesser Antilles and across the Gulf of Mexico and Baja California. In Costa Rica, off the Central Pacific coasts but offshore in the far south of the territorial waters, south of Isla del Coco. Resident in waters of Central America.

Habits: Very little is known about its natural history. It is typically a social animal and is generally found in pods of 10 individuals. The groups are of three types: females with their calves, juveniles and adults of both sexes without young. This species seems to prefer waters closer to the shore than the Pygmy Sperm Whale and possibly concentrates along the continental coast. It is a deep diver, to 300 m. Apparently migrates seasonally, but this has fact not been documented. It is often seen floating on the surface of the water (logging), near the shore. This species fights with other Sperm Whales, but the meaning of this behavior is not known. It blows a spout that is not very visible and short, after which it dives.

Feeding: It mainly eats squid, also crustaceans, fish at depths of 300 m, krill, invertebrates, jellyfish, squid, herrings and lamp fish.

Reproduction: Both females and males reach sexual maturity when they are 2.1 to 2.2 m long, after which they do not grow.

más rápidamente. Un buen vistazo a la cabeza podría ser útil para distinguirla. *K. simus* y *K. breviceps* no se diferencian en su apariencia externa excepto por la aleta dorsal, que es más grande en la primera. La caza actual de esta especie por balleneros ocurre de manera oportunista. El nombre *simus* proviene del latín y significa "nariz aplanada".

Dónde observar: En Costa Rica, en los límites del Parque Nacional Marino Ballena en el Pacífico Central y a unos 300 km al sur de la Isla del Coco.

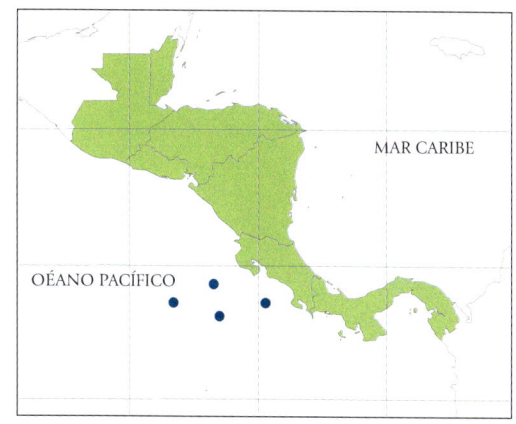

- Sitios de registro de la especie
- *Sites where the species has been observed*

The female gives birth to one calf after nine months gestation. Pregnant females are usually accompanied by a calf, which suggests that they reproduce each year.

Status: Since this species has no great economic value for humans at present, it is believed that its rarity may be due to excessive exploitation in the past. There is insufficient data on the status of its populations. It is included in Appendix II of CITES.

Notes: Easily confused with the Pygmy Sperm Whale (*K. breviceps*), some species of dolphins, the Pygmy Killer Whale (*Feresa attenuata*) and the Dwarf Killer Whale (*Peponocephala electra*); the confusion with these last two species is due to their similar coloring, but unlike these, *K. simus* forms large groups and swims more quickly. A good look at the head could be useful to distinguish it. *K. simus* and *K. breviceps* do not differ in their external appearance, except for the dorsal fin, which is larger in the first. Nowadays this species is hunted in an opportunistic manner by whalers. The name *simus* comes from the Latin and means "flat nose".

Where to observe it: In Costa Rica, in Ballena Marine National Park in the Central Pacific and some 300 km south of Isla del Coco.

Peponocephala electra

Descripción: El macho es ligeramente más grande (2,7 m de longitud) que la hembra (2,6 m); alcanzan 150-275 kg de peso. El cuerpo es alargado y esbelto, con una cola delgada similar a la de la orca (*Orcinus orca*) y la orca pigmea (*Feresa attenuata*); negro en el dorso y blanco en el vientre. La cabeza es triangular vista desde arriba y desde abajo, la frente es redondeada y termina en forma de melón, sin un hocico prolongado. Posee una línea blanca en los labios y una mancha blanca en forma de ancla en la garganta; la cara tiene una depresión triangular cóncava que semeja una máscara. La aleta dorsal es fina y prominente, de 30 cm de altura, en forma de hoz, negra, situada a la mitad del cuerpo. Las aletas pectorales tienen unos 50 cm de largo, son delgadas y afiladas en las puntas. Tiene 20-25 dientes pequeños puntiagudos en la mandíbula superior y 22-24 en la inferior.

Distribución: En todos los mares del mundo, en aguas tropicales y subtropicales de alta mar, principalmente en las costas de América Central, las Antillas Menores, las islas Malvinas, Hawai, Filipinas, Australia y Japón y en aguas pelágicas del cinturón ecuatorial. En Costa Rica, frente a las playas de la provincia de Guanacaste. Residente en aguas de América Central.

Hábitos: La unidad familiar típica contiene entre 100 y 500 individuos y pueden forman grandes manadas de 1.000 a 1.500, muchas veces asociados con el delfín manchado del Pacífico (*Stenella attenuata*), el delfín girador (*S. longirostris*) y el delfín de Fraser (*Lagenodelphis hosei*). Cuando huyen de los barcos se agrupan muy juntos, dejando en la superficie del mar una espuma abundante. Cuando sale a la superficie a menudo rompe el agua en un ángulo poco pronunciando, creando una abundante espuma que oscurece los patrones de pigmentación de su cuerpo. Algunas veces salta fuera del agua y luego cae de lado, otras veces nada saltando delante de las embarcaciones. Puede mantener la cabeza en posición vertical fuera del agua y observar a su alrededor por períodos cortos de tiempo, en un comportamiento conocido como de "espionaje". Es excitable y ha demostrado ser un nadador muy rápido.

MELON-HEADED WHALE

Description: The male is slightly larger (2.7 m long) than the female (2.6 m) and weighs 150-275 kg. The body is elongated and slender, with a narrow tail similar to the Killer Whale (*Orcinus orca*) and the Pygmy Killer Whale (*Feresa attenuata*); black on the back and white on the belly. The head is triangular viewed from above and from below, the forehead is rounded and ends in a melon shape, without a prolonged snout. Has a white line on the lips and a white anchor-shaped marking on the throat; the face has a concave triangular depression that resembles a mask. The dorsal fin is fine and prominent, 30 cm high, shaped like a scythe, black, situated half way along the body. The flippers are about 50 cm long, slender and sharp at the points. Has 20-25 small pointed teeth in the upper jaw and 22-24 in the lower jaw.

Distribution: In all the world's oceans, in tropical and subtropical offshore waters, mainly along the coasts of Central America, the Lesser Antilles, the Falkland Islands, Hawaii, Philippines, Australia and Japan and in pelagic waters of the equatorial belt. In Costa Rica, off the beaches of Guanacaste province. Resident in waters of Central America.

Habits: A typical family unit consists of between 100 and 500 individuals and it may form large herds of 1,000-1,500, often

associated with the Pacific Spotted Dolphin (*Stenella attenuata*), the Spinner Dolphin (*S. longirostris*) and Fraser's Dolphin (*Lagenodelphis hosei*). When fleeing from ships, these dolphins stay very close together, leaving an abundant froth on the surface of the sea. When this species surfaces, it often breaks water at a shallow angle creating an abundant froth that darkens the pigmentation patterns on its body. Sometimes it leaps out of the water and then falls sideways, other times it swims in front of boats (bow-riding). It can hold its head in a vertical position out of the water and look around for short periods of time, in a behavior known as "spyhopping". It is excitable and has shown itself to be a very fast swimmer.

FEEDING: It mainly eats squid and a variety of fish small.

REPRODUCTION: Little data is available, though the discovery of stranded females with young suggests that the breeding season is in the spring of the northern hemisphere. Births occur between July and August. It is estimated that males reach sexual maturity at 17 years of age and females at 12. There is segregation of the sexes and the ratio within groups is two females for every male.

STATUS: Although rare and little known, *P. electra* is the fourth most abundant species of cetacean in the Gulf of Mexico. It is

Alimentación: Consume principalmente calamares y una variedad de peces pequeños.

Reproducción: Se conocen pocos datos, aunque los varamientos de hembras con crías hacen suponer que tiene la época reproductiva en la primavera del hemisferio norte. Los nacimientos ocurren entre julio y agosto. Se estima que los machos alcanzan la madurez sexual a los 17 años y las hembras a los 12. Existe segregación de sexos y la proporción dentro de los grupos es de dos hembras por un macho.

Estado: Aunque rara y poco conocida, *P. electra* es la cuarta especie de cetáceo más abundante en el Golfo de México. Ocasionalmente es capturada en redes de pescadores de atún. Sin embargo, los pesqueros japoneses la cazan en pequeñas cantidades para consumir su carne. Son comunes los varamientos en masa. Está incluida en el Apéndice II de la CITES.

Notas: Manadas de estas orcas pueden atacar marsopas y delfines del género *Stenella* al escapar de las redes de los pescadores de atún en el Pacífico. En la costa pacífica de América Central se han registrado varamientos en masa. En cautiverio no vive mucho tiempo, unos 17 meses, debido a su temperamento nervioso, que muchos califican de feroz. Su nombre se deriva del griego *pepon* = melón y *cephale* = cabeza, mientras que *electra* es el nombre de una ninfa de la mitología griega.

Dónde observar: En Costa Rica, frente a las playas de la provincia de Guanacaste, en el Refugio Nacional de Vida Silvestre Tamarindo, la Península de Santa Elena y cerca de la boca del Golfo de Nicoya.

- Sitios de registro de la especie
- *Sites where the species has been observed*

occasionally caught in the nets of tuna fishermen. However, Japanese fishing boats take them in small quantities to eat their meat. Mass strandings are common. It is included in Appendix II of CITES.

Notes: Herds of these killer whales can attack porpoises and dolphins of the genus *Stenella* to escape from the nets of tuna fishermen in the Pacific. Mass strandings have been reported on the Pacific coast of Central America. It does not survive very long in captivity – around 17 months – due to its nervous temperament, which many describe as ferocious. Its name is derived from the Greek *pepon* = melon and *cephale* = head, while *electra* is the name of a nymph in Greek mythology.

Where to observe it: In Costa Rica, off the beaches of Guanacaste province, in the Tamarindo National Wildlife Refuge, the Santa Elena Peninsula and near the mouth of the Gulf of Nicoya.

Feresa attenuata

Orca pigmea / Pygmy Killer Whale

Descripción: Alcanza 2,1-2,7 m de longitud y 110-175 kg de peso. El cuerpo es alargado, la cabeza redondeada, con la mandíbula ligeramente estirada, sin un hocico definido, los labios blancos. El dorso es gris oscuro, gris cafezusco o negro; las partes laterales gris claro; en el vientre tiene parches blancos o gris claro y este color es amplio desde la barbilla hasta alrededor de los genitales y sobre la parte ventral de la cola. Tiene un surco sobre la piel del vientre, que se extiende desde antes del ombligo hasta los genitales y el ano. La aleta dorsal es prominente, de unos 35 cm de altura, poco rígida, de forma falciforme y situada cerca del centro de la espalda. Las aletas pectorales son redondeadas en las puntas. Tiene dientes largos y de forma cónica, usualmente 8-11 pares en la mandíbula superior y 11-13 en la inferior.
Distribución: Amplia en aguas tropicales cálidas y templadas de

Pygmy Killer Whale

Description: Reaches a length of 2.1-2.7 m and weighs 110-175 kg. The body is elongated, the head rounded, with a slightly stretched jaw, without a defined snout, with white lips. The back is dark gray, brownish gray or black; the sides are light gray; it has white or light gray patches on the belly and this coloring extends from the chin to the area around the genitals and on the underside of the tail. Has a groove on the skin of the belly that extends from in front of the navel to the genitals and the anus. The dorsal fin is prominent, around 35 cm high, not very rigid, falcate and situated near the center of the back. The flippers are rounded at the tips. Has long, conical teeth, usually 8-11 pairs in the upper jaw and 11-13 in the lower jaw.
Distribution: Widely distributed in warm tropical and temperate waters around the world; in Florida, the Antilles, the Mediterranean Sea, the Indian Ocean, the tropical Pacific, the Atlantic and the Gulf of Mexico. In Costa Rica, in the

todo el mundo; en la Florida, las Antillas, el mar Mediterráneo, el Océano Índico, el Pacífico tropical, el Atlántico y el Golfo de México. En Costa Rica, frente a las costas en el mar patrimonial del Pacífico, ausente en la Isla del Coco y sus cercanías. Residente en aguas de América Central.

Hábitos: Forma grupos familiares de unos 25 individuos, a veces hasta de cientos, y a menudo se encuentran mezclados con delfines de Fraser (*Lagenodelphis hosei*). Prefiere aguas tropicales y subtropicales profundas de mar abierto, raramente se encuentra en aguas cercanas a la costa. Se cree que no es una especie migratoria, pero algunos registros que la ubican en el Golfo de Alaska sugieren lo contrario. Ataca a pequeños cetáceos en el mar, pero a pesar de eso es muy tímido ante las embarcaciones y tiende a agruparse con otros de su especie para huir. Chasquea la mandíbula, golpea la superficie del agua con sus aletas pectorales y la aleta caudal, salta fuera del agua y ocasionalmente sobre las olas que producen los barcos y los botes. A través de su orificio de respiración hace sonidos como

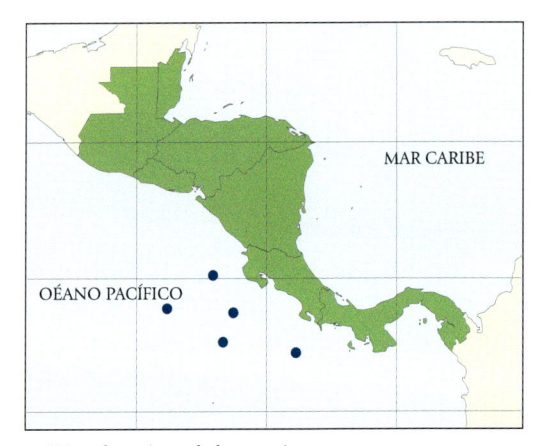

- Sitios de registro de la especie
- *Sites where the species has been observed*

territorial waters of the Pacific coast, absent in Isla del Coco and surrounding areas. Resident in waters of Central America.

Habits: Forms family groups of some 25 individuals, sometimes as many as hundreds, and is often is found in association with Fraser dolphins (*Lagenodelphis hosei*). Prefers deep tropical and subtropical waters on the open sea, rarely found in waters close to the shore. It is not believed to be a migratory species, though records of its presence in the Gulf of Alaska suggest the contrary. It attacks small cetaceans in the sea, but is very shy of boats and tends to congregate with others of its own species to flee. It clicks its jaw, slaps the surface of the water with its flippers and flukes, leaps out of the water and occasionally swims in the wake created by ships and boats. It makes various sounds through its blowhole, including grunts, whistles and clicks, similar to those of the Bottlenose Dolphin (*Tursiops truncatus*).

Feeding: Eats a wide variety of foods, including squid, octopuses and large fish such as tuna. Sometimes kills small cetaceans, such as young dolphins, for food.

Reproduction: Very little is known about its biology and natural history. Males reach sexual maturity when they are 2.16 m

gruñidos, silbidos y chasquidos, similares a los del delfín hocico de botella (*Tursiops truncatus*).

Alimentación: Consume una gran variedad de alimentos, que incluyen calamares, pulpos y grandes peces como el atún. A veces mata pequeños cetáceos, como delfines jóvenes, para alimentarse.

Reproducción: Se conoce muy poco de su biología e historia natural. El macho alcanza la madurez sexual cuando tiene 2,16 m de longitud y la hembras más de 2,2 m. Las crías nacen en el verano del hemisferio norte.

Estado: A pesar de ser una especie rara y poco conocida, no se considera amenazada de extinción. Sin embargo, algunos individuos son sacrificados por los pescadores de atún aleta amarilla. A veces la cazan los pesqueros japoneses. Está incluida en el Apéndice II de la CITES.

Notas: En cautiverio es agresiva y provoca reacciones de temor en otros cetáceos que comparten el lugar. Ataca (y puede llegar a matar), muerde y golpea sus mandíbulas contra otros cetáceos; también puede atacar a su entrenador. Esta especie puede ser confundida con la falsa orca (*Pseudorca crassidens*) y la orca enana (*Peponocephala electra*). Su nombre proviene del francés *feresa* = delfín y del latín *attenuata* = delgado.

Dónde observar: En Costa Rica, a lo largo de la costa del Pacífico pero mar adentro. Los puntos más cercanos para verla son las penínsulas de Nicoya y de Osa, en esta última frente al Parque Nacional Corcovado y la isla del Caño.

long and females more than 2.2 m. Calves are born during the summer months of the northern hemisphere.

Status: Despite being a rare and little known species, it is not considered endangered. However, some individuals are killed by fishermen who catch yellow fin tuna. Sometimes they are hunted by Japanese fishermen. This species is included in Appendix II of CITES.

Notes: In captivity, it is aggressive and provokes reactions of fear in other cetaceans that share the area. It attacks (and may even kill), other cetaceans, biting and clamping its jaws into them; it may also attack its trainer. May be confused with the False Killer Whale (*Pseudorca crassidens*) and the Dwarf Killer Whale (*Peponocephala electra*). Its name comes from the French *feresa* = dolphin and from the Latin *attenuata* = slender.

Where to observe it: In Costa Rica, along the Pacific coast but offshore. The nearest points to see it are the Nicoya and Osa Peninsulas, opposite Corcovado National Park and Isla del Caño.

Pseudorca crassidens

Descripción: Alcanza un tamaño máximo de 6,1 m de longitud y un peso de 1,4 toneladas; las hembras raramente sobrepasan 4,9 m y 1,1 toneladas de peso. El cuerpo es alargado y en forma de torpedo, la cola es muy larga, la cabeza es relativamente pequeña y sin un hocico definido, suavemente afilada en el área delantera de la narina. La mandíbula superior sobrepasa la inferior con una boca larga y curvada. El cuerpo es negro, excepto por un "brochazo" gris en el pecho y en el vientre entre las aletas pectorales; en los lados de la cabeza puede estar presente un área gris, que se acentúa con la luz del atardecer. La aleta dorsal es relativamente larga, en el centro del cuerpo, tiene forma falciforme, 40 cm de altura, suavemente redondeada en la punta. Las aletas pectorales tienen una joroba característica en el lado frontal. Tiene 8-11 dientes cónicos y largos a cada lado de ambas mandíbulas, los cuales son visibles cuando abre la boca.

Distribución: Amplia en aguas templadas y tropicales alrededor del mundo. En las costas de Norteamérica, del sur del estado de Maryland hasta el Golfo de México, cerca de Cuba y en las Antillas Menores; en el mar Caribe hasta el sur de Venezuela, en el Pacífico desde Alaska hasta California; en Japón, Hawai, mar de China, Nueva Zelanda, Perú y el Océano Indico. En Costa Rica, desde el Pacífico Central hasta sur del país a través de la Península de Osa y Golfo Dulce, la Isla del Coco y sus alrededores. Residente en aguas de América Central.

Hábitos: Es una especie típicamente oceánica, poco común en aguas someras, donde a veces encalla. Es gregaria y forma grupos de hasta cientos de individuos, pero generalmente entre 10 y 50; a menudo está asociada a otros cetáceos, como el delfín hocico de botella (*Tursiops truncatus*). Los grupos o manadas mantienen una cohesión muy fuerte y están constituidos por individuos de ambos sexos y de todas las edades. Realiza juegos y puede saltar completamente fuera del agua. A pesar de su gran tamaño, es capaz de dar saltos altos que rivalizan con los de un delfín pequeño. A menudo su gran velocidad de nado es interrumpida por rápidas vueltas y saltos repentinos, especialmente durante los períodos de alimentación. Produce sonidos similares a los de los delfines, como silbidos y chasqueo de dientes, y se cree que los utilizan como sonar para detectar objetos en el agua. También tiene vocalizaciones, que pueden servir para la comunicación entre los individuos.

Alimentación: Su dieta es variada e incluye calamares y peces como bacalao, atún, perca, salmón y pez gato. Se alimenta durante el día y la noche. Puede ingerir alimentos por un peso equivalente al 5% del peso de su cuerpo cada día. Algunos

False Killer Whale

Description: Grows to a maximum length of 6.1 m and weighs around 1.4 tons; females rarely grow more than 4.9 m and weigh 1.1 tons. The body is elongated and torpedo-shaped, the tail very long, the head relatively small and without a defined beak, gently tapering in the area in front of the blowhole. The upper jaw overhangs the lower jaw with a long, curving mouth. The body is black, except for a gray streak on the chest and the belly between the flippers; a gray area may also be present on the sides of the head, which may be accentuated in the light of sunset. The dorsal fin is relatively long, set at the midpoint of the body, falcate, 40 cm high, gently rounded at the tip. There is a characteristic hump on the leading edge of the flippers. Has 8-11 long, conical teeth on each side of both jaws, which are visible when the mouth is opened.

Distribution: Widely distributed in temperate and tropical waters around the world. In the coasts of North America, from the south of the State of Maryland to the Gulf of Mexico, near Cuba and in the Lesser Antilles; in the Caribbean as far south

individuos comparten su comida con otros miembros del grupo. A veces consume pequeños cetáceos, como delfines.

Reproducción: La hembra alcanza la madurez sexual aproximadamente a los 10 años de edad y el macho a los 18 años. La hembra pare una sola cría después de 15 meses de gestación y la lactancia continúa por dos años. Los partos se suceden seis o siete años después de cada nacimiento; los intervalos se incrementan con la edad y las hembras dejan de ser reproductivas como a los 45 años. La longevidad estimada es de 58 años para los machos y 62 para las hembras.

Estado: En Japón, esta especie a veces es sacrificada para obtener alimento; además los pescadores matan a las orcas para reducir la competencia por los recursos pesqueros. Durante las faenas de pesca del atún, docenas de ellas quedan atrapadas en las redes. Está incluida en el Apéndice II de la CITES.

as Venezuela, in the Pacific from Alaska to California; in Japan, Hawaii, the China Sea, New Zealand, Peru and the Indian Ocean. In Costa Rica, from the Central Pacific to the south of the country across the Osa Peninsula and Golfo Dulce, Isla del Coco and its surrounding areas. Resident in waters of Central America.

Habits: A typically oceanic species, not very common in shallow waters, where it sometimes runs aground. Is gregarious and forms groups of up to hundreds of individuals, but generally between 10 and 50; often associated with other cetaceans, such as the Bottlenose Dolphin (*Tursiops truncatus*). The groups or herds maintain a very strong cohesion and are made up of individuals of both sexes and all ages. This species plays games and can leap clear of the water. Despite its great size, it is capable of high leaps that rival those of a small dolphin. Often its fast swim is interrupted by quick turns and sudden leaps, especially during feeding. Produces sounds similar to those of dolphins, such as whistles and clicking of the teeth, which are believed to be used

Notas: Se puede confundir con la orca común (*Orcinus orca*), el calderón tropical (*Globicephala macrorhynchus*), la orca enana (*Peponocephala electra*) y los llamados "peces negros", como los grandes atunes. Igual que con otros mamíferos marinos, su grasa se utiliza para hacer aceite. Grandes grupos de esta especie (de 800 individuos o más) pueden encallar y morir dramáticamente en la playa. Debido a su reputación de animal agresivo, los pescadores la cazan para usarlas como cebos en sus líneas de pesca. Se adapta al cautiverio y es fácil de entrenar para exhibiciones en acuarios. Su nombre proviene del griego *pseudos* = falso y del latín *orca* = un tipo de ballena, *crassus* = grueso y *dens* = dientes.

Dónde observar: En Costa Rica, frente al Parque Nacional Marino Ballena, la Isla del Caño, la Península de Osa, el Parque Nacional Corcovado, Golfo Dulce y los alrededores de la Isla del Coco.

- Sitios de registro de la especie
- *Sites where the species has been observed*

as sonar to detect objects in the water. Also has vocalizations that may be used for communication between individuals.

Feeding: Its diet is varied and includes squid and fish such as cod, tuna, perch, salmon and catfish. It feeds during the day and at night. It can consume up to 5% of its body weight in food each day. Some individuals share their food with other members of the pod. Sometimes eats small cetaceans, such as dolphins.

Reproduction: Females reach sexual maturity at approximately 10 years of age and males at 18 years. Females give birth to a single calf after 15 months gestation and lactation continues for two years. Births occur at intervals of six or seven years; the intervals increase with age and the females stop reproducing at around 45 years of age. Estimated longevity is 58 years for males and 62 for females.

Status: In Japan, this species is sometimes killed for food; fishermen also hunt killer whales to reduce the competition for fish resources. Dozens of them are trapped in the nets of tuna fishing boats. Included in Appendix II of CITES.

Notes: May be confused with the common Killer Whale (*Orcinus orca*), the Short-finned Pilot Whale (*Globicephala macrorhynchus*), the Dwarf Killer Whale (*Peponocephala electra*) and so-called "black fish", such as large tunas. Like other marine mammals, its blubber is used to make oil. Large herds of this species (800 individuals or more) may become stranded and die dramatically on the beaches. Due to its reputation as an aggressive animal, this species is hunted by fishermen who use it as bait for their fishing lines. It adapts to captivity and is easily trained for exhibitions in aquariums. Its name comes from the Greek *pseudos* = false and from the Latin *killer whale* = a type of whale, *crassus* = thick and *dens* = teeth.

Where to observe it: In Costa Rica, opposite Ballena National Marine Park, Isla del Caño, the Osa Peninsula, Corcovado National Park, Golfo Dulce and the area around Isla del Coco.

Orcinus orca

Orca común, Espolante / Orca, Killer Whale

Descripción: El macho es más grande que la hembra y llega a alcanzar 9,5 m de longitud y más de seis toneladas de peso; la hembra no excede los 7 m y las cuatro toneladas de peso. El dorso es negro, interrumpido por una mancha gris detrás de la aleta dorsal. La barbilla, la garganta y la parte inferior de la aleta caudal son blancas, y el blanco de la garganta continúa a lo largo de la línea media del vientre estrechándose entre las aletas pectorales. Posee una mancha blanca en la parte de atrás de los ojos, que sirve para identificarla en el mar. La cabeza es redondeada, con un hocico cónico y una línea de boca estrecha con 10-12 dientes cónicos a cada lado de las mandíbulas. La aleta dorsal es conspicua, negra, de forma triangular, de unos 1,8 m de largo; en las hembras es más pequeña y falciforme. Las aletas pectorales son largas y redondeadas, en forma de remo. La aleta caudal es ancha y tiene una hendidura central.

Distribución: Es una especie cosmopolita de mar abierto, se encuentra en aguas templadas, tropicales y polares. Es

Hembra / *Female*

Orca, Killer Whale

Description: The male is larger than the female and may reach 9.5 m in length and more than six tons in weight; the female does not exceed 7 m and four tons in weight. The back is black, interrupted by a gray spot behind the dorsal fin. The chin, throat and lower part of the flukes are white, and the white of the throat continues along the midline of the belly narrowing between the flippers. A white spot in the area behind the eyes helps to identify it in the sea. The head is rounded, with a conical snout and a narrow mouth line with 10-12 conical teeth on each side of the jaws. The dorsal fin is conspicuous, black, triangular and measures 1.8 m long; in females it is smaller and falciform. The flippers are long, rounded and paddle-shaped. The broad flukes have a median notch.

Distribution: A cosmopolitan species of the open seas, found in temperate, tropical and polar waters. It is abundant in cold waters of both hemispheres, at distances of more than 800 km from the shore; occasionally swims into bays, estuaries and

abundante en aguas frías de ambos hemisferios, más allá de 800 km de las costas; ocasionalmente entra en bahías, estuarios y bocas de ríos. En algunas áreas existe estacionalmente, pero en el Pacífico noreste es una especie residente. En Costa Rica, frente a las costas del Pacífico, el Caribe sur y al sureste de la Isla del Coco. Residente ocasional en aguas de América Central.

Hábitos: Es una especie medianamente gregaria, con una estructura social estable y fuertes lazos entre los miembros del grupo. Los grupos viajan juntos y pueden tener desde pocos individuos hasta 30. Sin embargo, se han observado agrupaciones de cientos de individuos, resultado de las uniones por corto tiempo de varios grupos. Los grupos contienen individuos de ambos sexos, adultos, crías y juveniles. La orca realiza pequeños buceos de 10-30 segundos de duración pero también puede sumergirse a una profundidad de hasta 260 m. La velocidad de nado normal es de 6-10 km/hr, con un máximo de 40 km/hr. Puede saltar fuera del agua y caer sobre su espalda, mantener verticalmente la cabeza fuera del agua y golpear el agua con la cola; el significado de estas actividades se desconoce. Produce sonidos de ecolocalización para detectar el alimento o los obstáculos y para la comunicación social. La orca común se parece al tiburón blanco (*Carcharodon carcharian*) en su habilidad para la caza y en el tipo de alimentación.

Alimentación: Es un cazador cooperativo muy eficaz. Se alimenta de una variedad de presas, que incluyen peces como arenques, bacalao, lenguado y salmón, cefalópodos (calamares y pulpos), focas, elefantes marinos, aves marinas, nutrias y pingüinos. Algunas veces ataca ballenas, pero no se sabe si se alimenta de ellas. Puede ingerir alimentos equivalentes al 4% de su peso en un solo día.

Reproducción: El macho alcanza la madurez sexual cuando tienen 5,2 a 6,2 m de longitud y la hembra de 4,6 a 5,4 m. El período de gestación dura 15 meses y las hembras paren una cría, la cual lacta por un año; sin embargo, puede estar mamando hasta dos años, como complemento a la ingesta de peces. El intervalo entre los partos puede ser de 3-8 años.

Estado: Las flotas balleneras comerciales del mundo han capturado orcas comunes, pero no se ha desarrollado una

river mouths. In some areas it is present seasonally, but in the northeast Pacific it is a resident species. In Costa Rica, off the Pacific coasts, the southern Caribbean and to the southeast of Isla del Coco. Occasional resident in waters of Central America.

Habits: A moderately gregarious species, with a stable social structure and strong ties between pod members. Groups travel together and may contain from a few individuals to 30. However, herds of hundreds of individuals have been observed, when several pods join up for short periods. The pods include individuals of both sexes, adults, calves and juveniles. The Killer Whale makes short dives lasting 10-30 seconds but can also dive to a depth of 260 m. It normally swims at a speed of 6-10 km/hr, with a maximum speed of 40 km/hr. It can leap out of the water and fall on its back (breaching), keeping its head vertical out of the water and slapping the water with its flukes; the significance of this behavior is unknown. It produces echolocation sounds to detect food or obstacles and for social communication. The common killer whale is similar to the white shark (*Carcharodon carcharian*) in its ability to hunt and in the type of food it eats.

Feeding: A very effective cooperative hunter. Feeds on a variety of prey, including fish such as herrings, cod, flounder and salmon, cephalopods (squid and octopuses), seals, sea elephants, sea birds, otters and penguins. Sometimes attacks whales, but it is not known whether it feeds on them. It can eat food equivalent to 4% of its own body weight in a single day.

Reproduction: Males reach sexual maturity when they attain a length of 5.2 to 6.2 m and females from 4.6 to 5.4 m. Gestation lasts 15 months and females give birth to one calf, which is

Orcinus orca   Miguel Iñíguez

industria a partir de ello. En el pasado, las flotas balleneras de Noruega y Rusia capturaron cientos de ellas. En Japón, esta especie es cazada por su carne y las vísceras se utilizan como fertilizantes o cebo. En algunas zonas, las orcas comunes están sujetas a control por parte de la industria pesquera, ya que se alimentan de arenques. La situación de sus poblaciones es poco conocida. Está incluida en el Apéndice II de la CITES.

Notas: A menudo las orcas comunes son comparadas con los lobos, porque ambos son depredadores estrictos, mantienen relaciones sociales complejas y cazan de manera cooperativa. Esta es una especie muy apetecida por los acuarios del mundo, por su gracia y su capacidad de aprender diversas maniobras. Se adapta al cautiverio. El nombre *orcinus* se deriva del latín *orca* = un tipo de ballena, o de *orcynus* = un tipo de atún.

Dónde observar: En Costa Rica, en toda la costa pacífica, especialmente en el Golfo Dulce, el Golfo de Papagayo, Uvita y el Parque Nacional Marino Ballena. En la costa caribeña, en el Parque Nacional Cahuita y Gandoca-Manzanillo.

- Sitios de registro de la especie
- *Sites where the species has been observed*

Orcinus orca — Laura May Collado

suckled for one year; however, an infant may suckle for up to two years, as a complement to eating fish. The interval between births is 3-8 years.

Status: The world's commercial whaling fleets have long hunted common killer whales, but no industry developed around this species. In the past, whaling fleets from Norway and Russia captured hundreds of these whales. In Japan, this species is hunted for its meat and the entrails are used as fertilizers or as bait. In some areas, the number of common killer whales is controlled by the fishing industry, since they feed on herrings. Little is known about the status of the populations. This species is included in Appendix II of CITES.

Notes: Common killer whales are often compared with wolves, because both are strict predators, maintain complex social relations and hunt cooperatively. This species is very sought after by the world's aquariums because of its grace and its ability to learn different maneuvers. It adapts to captivity. The name *orcinus* is derived from the Latin *killer whale* = a type of whale, or from *orcynus* = a type of tuna.

Where to observe it: In Costa Rica, along the entire Pacific coast, especially Golfo Dulce, Golfo de Papagayo, Uvita and the Ballena National Marine Park. On the Caribbean coast, in Cahuita National Park and Gandoca-Manzanillo.

Globicephala macrorhynchus

Calderón tropical, Calderón de aleta corta, Ballena piloto, Ballenato / Short-finned Pilot Whale

Descripción: El macho alcanza 5,4 m y la hembra 4 m de longitud, con 1-3 toneladas de peso. El cuerpo es robusto, negro a gris oscuro, con una mancha blanca o gris en forma de ancla cerca de la garganta. De apariencia aplanada cuando se le ve dorsalmente, muestra manchas ventrales grises poco conspicuas. A veces tiene líneas claras extendidas hacia atrás desde la abertura respiratoria. La cabeza es gruesa y globulosa, aplanada o cuadrada en la parte frontal, especialmente en los machos adultos, con una línea de boca curvada hacia arriba. Posee sólo 40-45 dientes si se compara con 120 en la mayoría de los delfines. La aleta dorsal es negra y corta, con una base ancha en forma de hoz. Las aletas pectorales son cortas. La aleta caudal es pequeña y puntiaguda, con una muesca lineal en el centro.

Distribución: Es una especie cosmopolita, se encuentra alrededor del mundo, principalmente en aguas tropicales y templadas, tanto en mar abierto como costas. En el Caribe, donde es común en el Golfo de México, su límite es el norte de las islas Bermudas hasta el sur de Venezuela. En el Pacífico, desde el centro de California

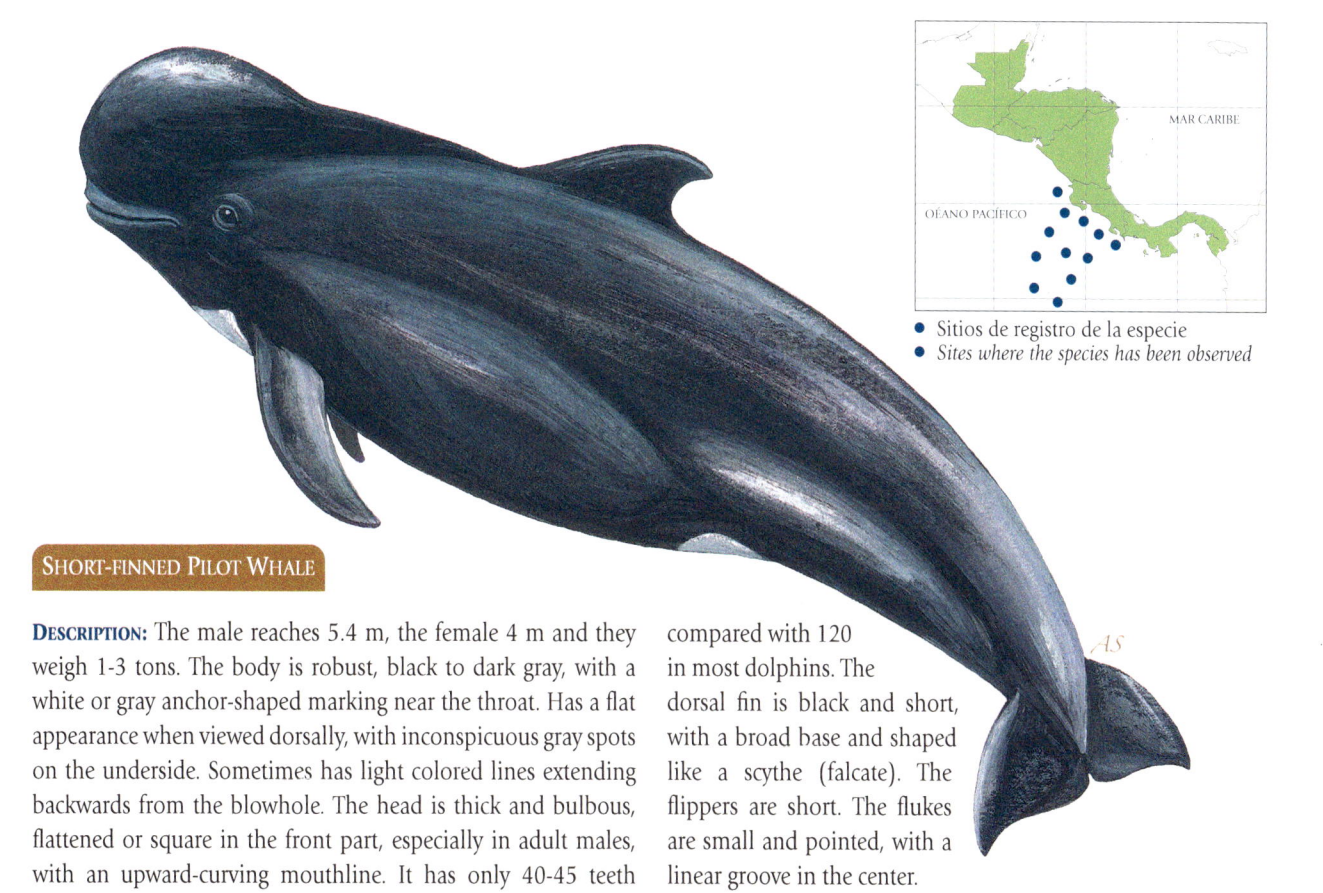

- Sitios de registro de la especie
- *Sites where the species has been observed*

Short-finned Pilot Whale

Description: The male reaches 5.4 m, the female 4 m and they weigh 1-3 tons. The body is robust, black to dark gray, with a white or gray anchor-shaped marking near the throat. Has a flat appearance when viewed dorsally, with inconspicuous gray spots on the underside. Sometimes has light colored lines extending backwards from the blowhole. The head is thick and bulbous, flattened or square in the front part, especially in adult males, with an upward-curving mouthline. It has only 40-45 teeth compared with 120 in most dolphins. The dorsal fin is black and short, with a broad base and shaped like a scythe (falcate). The flippers are short. The flukes are small and pointed, with a linear groove in the center.

Calderón tropical, Calderón de aleta corta, Ballena piloto, Ballenato / Short-finned Pilot Whale

hasta Perú y Japón por el suroeste. Probablemente se encuentre en el Océano Índico y al noreste de Australia. En Costa Rica, es común frente a las costas del Pacífico, la Isla del Coco, Península de Osa y en el extremo sur del mar patrimonial del Pacífico. Residente en aguas de América Central.

Hábitos: Es una especie que emigra desde aguas frías a las aguas calientes de los trópicos. Son comunes los grupos compuestos desde por pocos individuos (15-20) hasta cientos, a menudo en compañía del delfín hocico de botella (*Tursiops truncatus*). Tanto *T. truncatus* como otras especies de calderones (*Hyeroodon* spp., *Globicephala* spp.) tienden a mantenerse en el borde de la manada de *G. macrorhynchus*. Mientras están nadando, el grupo es guiado por un "piloto", que también indica el momento de descansar. Cuando descansa sobre la superficie del agua parece un tronco flotante, pues mantiene expuesta la cabeza y las aletas dorsales; también puede formar largas filas con individuos unidos uno al otro por los costados. Algunas veces se le observa con la cabeza fuera del agua en forma vertical. Puede nadar a una velocidad de 40 km/hr y sumergirse a mas de 600 m de profundidad. Puede golpear el agua con sus aletas caudales, pero en raras ocasiones realiza saltos fuera del agua. No sigue las olas que dejan las embarcaciones, como sí lo hacen los delfines. Permite que los humanos se acerquen cuando está descansando en la superficie del agua.

Alimentación: Se alimenta durante la noche, en el día permanece durmiendo. Come principalmente calamares, pulpos, anchoas y

Globicephala macrorhynchus — Laura May Collado

Distribution: A cosmopolitan species, found around the world, mainly in tropical and temperate waters, both on the open seas and near the shore. In the Caribbean, where it is common in the Gulf of Mexico, its range stretches from north of the Bermuda islands to the south of Venezuela. In the Pacific, from central California to Peru and Japan in the southwest. Probably found in the Indian Ocean and northeast of Australia. In Costa Rica, it is common on the Pacific coast, Isla del Coco, the Osa Peninsula and the far south of the Pacific territorial waters. Resident in waters of Central America.

Habits: A species that migrates from cold waters to warm tropical waters. Pod sizes vary from a few individuals (15-20) to hundreds, often in the company of Bottlenose Dolphins (*Tursiops truncatus*). Both *T. truncatus* and other species of pilot whales (*Hyperoodon* spp., *Globicephala* spp.) tend to stay at the edge of the herd of *G. macrorhynchus*. While swimming, the group is guided by a "pilot", who also "tells" the others when to rest. When they rest on the surface of the water (logging) they resemble a floating tree trunk, since the head and the dorsal finds remain exposed; the may also form long lines with individuals joined to each other side by side. This species is sometimes seen holding its head vertically out of the water. Can swim at speeds of 40 km/hr and dives to a depth of more than 600 m. It may slap the water with its flukes (fluking), but on rare occasions it leaps out of the water. It does not swim in the wake left by boats, as most dolphins do. It allows humans to approach when it is resting on the surface of the water.

pequeños peces cuando los primeros no están disponibles. Cada individuo puede ingerir hasta 30 libras de alimento por día.

Reproducción: Los machos alcanzan la madurez sexual cuando tienen 4,8 m de longitud y 15-22 años de edad, las hembras cuando tienen unos 3,3 m y 7-12 años. Es probable que algunos machos no se reproduzcan exitosamente si tienen menos de 5 m de largo. Son animales polígamos y se aparean en grupos, con ocho hembras por cada macho. Los nacimientos ocurren a través del año y las hembras paren una cría después de 11-13 meses de gestación, la cual se desteta alrededor de los dos años, aunque puede hacerlo incluso hasta los seis años. Los nacimientos entre partos pueden ocurrir cada siete años; las hembras son sexualmente activas hasta los 40 años.

Estado: Esta especie es cazada en el noroeste de África y en las Antillas, para aprovecharla como alimento y por su aceite. Los balleneros japoneses las capturan en baja escala. La cacería irregular y concentrada en unos pocos lugares permite que existan poblaciones grandes y ampliamente distribuidas. Algunos individuos mueren en las redes de pesca del atún. Está incluida en el Apéndice II de la CITES.

Notas: Se puede confundir con el calderón de aleta grande (*Globicephala melaena*) y el tamaño de la aleta es un rasgo físico que diferencia a estas dos especies. También se confunde con la orca pigmea (*Feresa attenuata*) y la orca común (*Orcinus orca*), pero se diferencian en que la primera tiene la cabeza grande y la segunda posee una aleta grande y curvada. Su nombre se deriva del latín *globus* = globo y del griego *kephale* = cabeza, *makros* = largo y *rhynchos* = nariz, hocico.

Dónde observar: En Costa Rica, a lo largo de la costa pacífica y en la Isla del Coco. Es fácil verla en el Golfo de Papagayo en Guanacaste, frente a las costas del Pacífico Central y en el Golfo Dulce.

Feeding: It feeds at night and sleeps during the day. It mainly eats squid, octopuses, anchovies and small fish when the former are not available. Each individual may eat up to 30 pounds of food per day.

Reproduction: Males reach sexual maturity when they are 4.8 m long and 15-22 years of age, the females when they are 3.3 m long and 7-12 years old. It is probable that some males cannot reproduce successfully if they are less than 5 m in length. They are polygamous animals and mate in groups, with eight females for every male. Births occur throughout the year; females give birth to a single calf after 11-13 months gestation, and weaning occurs at around two years of age, although this may also occur at six years. Births may occur every seven years; females are sexually active for up to 40 years.

Status: This species is hunted in northwest Africa and in Antilles for use as food and for its oil. Japanese whalers hunt them on a small scale. Irregular hunting concentrated in a few places allows large and widely distributed populations to exist. Some individuals die trapped in tuna fishing nets. It is included in Appendix II of CITES.

Notes: May be confused with the Long-finned Pilot Whale (*Globicephala melaena*) but the size of the fins is a physical trait that distinguishes these two species. Also confused with the Pygmy Killer Whale (*Feresa attenuata*) and the Orca or Killer Whale (*Orcinus orca*), but can be distinguished by the fact that the first has a large head and the second has a large, curved fin. Its name is derived from the Latin *globus* = globe and from the Greek *kephale* = head, *makros* = long and *rhynchos* = nose, snout.

Where to observe it: In Costa Rica, throughout the Pacific coast and Isla del Coco. Easily observed in the Gulf of Papagayo in Guanacaste, off the coasts of the Central Pacific and in Golfo Dulce.

Steno bredanensis

Descripción: Alcanza hasta 2,8 m de largo y 120-169 kg de peso. El cuerpo es esbelto, excepto la parte anterior a las aletas pectorales, que es robusta y de forma cónica. El dorso es gris a morado oscuro, con numerosas manchas blancas amarillentas o rosadas en los costados. La parte ventral es blanca y en ocasiones rosada, algunas veces con cicatrices. La frente y los lados de la cabeza van declinando a medida que llegan al hocico, lo cual hace que la cabeza parezca larga y casi cónica. El hocico es largo, delgado y comprimido lateralmente, blanco o blanco grisáceo, incluyendo los labios y la punta. La aleta dorsal es moderadamente alta y falciforme, con una base ancha y está situada cerca de la mitad del cuerpo. Las aletas pectorales son largas. La aleta caudal es amplia, de un cuarto de la longitud del cuerpo. Tiene 20-27 pares de dientes en cada mandíbula, con una superficie áspera a veces obvia sólo al tacto.

Distribución: En todos los mares del mundo. Es una especie pelágica y cosmopolita de zonas tropicales, subtropicales y en menor medida templadas. Se observa especialmente en las costas y aguas profundas. En el Océano Indico, el sur de África y Australia. En el Océano Pacífico, desde el noreste de California hasta Perú; en el Océano Atlántico, en Holanda y desde el estado de Virginia (Estados Unidos) hasta las Antillas. En Costa Rica, es una especie residente que se encuentra en casi todo el mar patrimonial del Pacífico, incluso en la Isla del Coco. Residente en aguas de América Central.

Hábitos: Es una especie poco conocida. Es común que forme grupos de 50 individuos o menos, pero pueden encontrarse grupos de muchos cientos de miembros. En Costa Rica, el tamaño promedio observado es de 16 individuos. Los grupos a menudo son estables y muchos están constituidos por individuos emparentados, especialmente hembras. Se asocia a veces con el calderón tropical (*G. macrorhynchus*) y el delfín hocico de botella (*T. truncatus*) y mucho menos frecuentemente con el delfín girador (*S. longirostris*). Se han encontrado algunos individuos junto a cardúmenes de atún aleta amarilla en el Pacífico tropical. No es tímido, pero sí poco propenso a seguir los botes, a diferencia de la mayoría de los delfines. Algunos grupos pequeños nadan rápidamente con la cabeza fuera del

Rough-toothed Dolphin

Description: Grows to 2.8 m and weighs 120-169 kg. The body is slender, except for the part in front of the flippers, which is robust and conical in shape. The back is gray to dark purple, with numerous yellowish white or pink spots on the sides. The ventral part is white and on occasions pink, sometimes with scars. The front and sides of the head gradually taper towards the snout, which makes the head appear long and almost conical. The snout is long, slender and laterally compressed, white or grayish white, including the lips and the tip. The dorsal fin is moderately high, falcate, with a broad base and is situated almost half way down the body. The flippers are long. The flukes are broad, one-quarter of the body length. This species has 20-27 pairs of teeth in each jaw, with a rough surface sometimes obvious only to the touch.

Distribution: In all the world's oceans. A pelagic species, cosmopolitan in tropical, subtropical and to a lesser extent in temperate zones. Observed especially in coastal areas and deep waters. In the Indian Ocean, South Africa and Australia. In the Ocean Pacific, from northeast California to Peru; in the Ocean Atlantic, in Holland and from the State of Virginia (United States) to the Antilles. In Costa Rica, it is a resident species found in nearly all the territorial waters of the Pacific, including Isla del Coco. Resident in waters of Central America.

HABITS: A little known species. It commonly forms pods of 50 individuals or less, but herds of many hundreds of individuals may be found. In Costa Rica, the average pod size reported consists of 16 individuals. Groups are often stable and many are constituted by related individuals, especially females. Sometimes associates with the Short-finned Pilot Whale (*G. macrorhynchus*) and the Bottlenose Dolphin (*T. truncatus*) and less frequently with the Spinner Dolphin (*S. longirostris*). Some individuals have been found with shoals of yellow fin tuna in the tropical Pacific. It is not shy, but is not particularly inclined to follow boats, unlike the majority of dolphins. Some small pods swim quickly with their heads out of the water and the dorsal fin exposed for prolonged periods. This species leaps out of the water and falls onto its sides, also slaps the surface of the water with its flukes and ventral flippers. It is an oceanic species, found only in coastal areas close to fairly deep waters.

FEEDING: Its diet is very varied and includes pelagic octopuses, squid and a great diversity of fish. Squid up to 35 cm long have been found in the stomachs of stranded members of this dolphin species.

REPRODUCTION: Females reach sexual maturity when they are at least 2.3 m long, but some studies suggest that both females and males are sexually mature when they reach a length of 1.8 m. May live up to 40 years.

agua y la aleta dorsal expuesta por períodos prolongados. Salta fuera del agua y cae sobre sus costados, también golpea la superficie del agua con la aleta caudal y las aletas ventrales. Es una especie oceánica, que sólo se encuentra en áreas costeras cuando hay profundidades significativas cerca de ellas.

Alimentación: Su alimentación es muy variada, consume pulpos pelágicos, calamares y una gran diversidad de peces. En los estómagos de delfines de esta especie que han encallado se han encontrado calamares de hasta 35 cm de largo.

Reproducción: La hembras alcanza la madurez sexual cuando tienen al menos 2,3 m de longitud, pero algunos datos sugieren que tanto la hembra como el macho son sexualmente maduros cuando alcanzan 1,8 m de largo. Puede vivir hasta 40 años.

Estado: Se ha sugerido que las poblaciones de los océanos Atlántico e Índico son especies distintas, por las diferencias en la longitud del hocico, pero se requieren más datos para sacar conclusiones definitivas al respecto. Es una especie rara en los mares de Japón, donde la cazan en números pequeños para alimento. Pocos animales mueren en las redes de los barcos atuneros en el Pacífico oriental. En general, existen pocos datos sobre la situación de sus poblaciones. Está incluida en el Apéndice II de la CITES.

Notas: Se ha comprobado que *S. bredanensis* puede cruzarse con *T. truncatus* y producir híbridos, pero la cría de este cruce que nació en cautiverio murió a los cinco años. Se han registrado varamientos de individuos solos y en masa. En San Vicente (Antillas Menores), Sri Lanka y Japón se usa su carne y su grasa. Su nombre se deriva del griego *steno* = angosto; *bredanensis* proviene de un pintor holandés de apellido Van Breda que fue quien pintó esta especie por primera vez.

Dónde observar: En Costa Rica, frente a las costas de la Península de Osa, el Parque Nacional Corcovado y la Isla del Caño; también en los alrededores de la Isla del Coco.

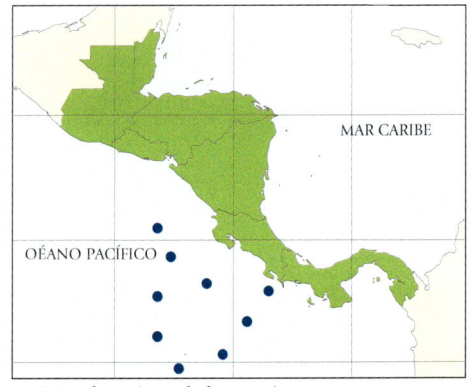

- Sitios de registro de la especie
- *Sites where the species has been observed*

Status: It has been suggested that populations of the Atlantic and Indian Oceans are different species, because of differences in the length of the snout, but more information is needed to reach definitive conclusions on this matter. It is a rare species in the seas of Japan, where it is hunted in small numbers for food. A few animals die in the tuna fishing nets in the eastern Pacific. In general, there is little data on the status of its populations. It is included in Appendix II of CITES.

Notes: It has been confirmed that *S. bredanensis* may breed with *T. truncatus* and produce hybrids, but the offspring of this cross that have been born in captivity died within five years. Both single and mass strandings have been recorded. In St. Vincent (Lesser Antilles), Sri Lanka and Japan, the meat and blubber are used. This dolphin's name is derived from the Greek *steno* = narrow; *bredanensis* comes from a Dutch painter whose surname was Van Breda who painted this species for the first time.

Where to observe it: In Costa Rica, off the coasts of the Osa Peninsula, Corcovado National Park and Isla del Caño; also in the areas around Isla del Coco.

Steno bredanensis   Laura May Collado

Sotalia fluviatilis

Descripción: Alcanza hasta 1,9 m de longitud y 35-40 kg de peso, pero los individuos del Amazonas suelen ser de menor tamaño (1,4 m). El cuerpo, similar al del delfín hocico de botella (*T. truncatus*), es robusto, azul acerado a gris pardusco en la espalda, con el vientre claro (blanco a gris a rosado claro). Esta coloración varía en las subespecies. A veces se nota una línea oscura entre el ojo y la base de las aletas pectorales. Otra línea oscura cruza los flancos claros, extendiéndose hacia atrás terminando en la cola. El hocico es prominente. Tiene un melón bien formado en la parte superior de la cabeza. La aleta dorsal es corta (12,7 cm de altura), de forma triangular y con la punta curvada un poco hacia atrás. Las aletas pectorales son ligeramente anchas en comparación con las de otros delfines. Tiene 26-35 pares de dientes en cada mandíbula, alineados de manera desigual.

Distribución: *S. fluviatilis* se encuentra en las aguas del noreste de Suramérica, desde Santos en Brasil hasta el norte del lago de Maracaibo; del noroeste de Venezuela hasta el mar Caribe, incluyendo las costas de Costa Rica y Nicaragua. También se encuentra en la cuenca del Amazonas. En Costa Rica, en el sur del mar Caribe. Residente en aguas de América Central.

Hábitos: Habita ambientes fluviales y marinos. La subespecie que se encuentra en Costa Rica (*S. fluviatilis*) es marina pero incursiona en los estuarios y bocas de los ríos del Caribe Sur. Se encuentra en bahías a lo largo de la costa atlántica entre Costa Rica y Colombia. Es solitario, aunque pueden formar grupos de hasta 25 individuos, pero generalmente se observan grupos pequeños de dos o tres. La compacta formación durante el nado sincronizado sugiere que mantiene fuertes lazos sociales. A menudo se encuentra en lagos o riachuelos durante los períodos de inundación. El tucuxi puede moverse libremente entre agua dulce, salobre y ambientes marinos. Es muy activo durante las mañanas y después del atardecer. Es un nadador lento y algunos individuos muestran acrobacias, saltos verticales, saltos laterales y "saltos mortales". Se desliza sobre las olas que forman los botes, rueda sobre la superficie del agua y salta y cae sobre su espalda cuando el bote ha pasado. Las inmersiones son cortas, de menos de un minuto. Produce sonidos de ecolocalización de hasta 95 khz que le permiten detectar objetos pequeños de hasta 15 cm, para hacerlo debe producir 10-70 chasquidos por minuto cuando se está moviendo en el ambiente turbio de los ríos.

Tucuxi

Description: Grows to a length of 1.9 m and weighs 35-40 kg, but individuals from the Amazon tend to be smaller (1.4 m). The body, similar to that of the Bottlenose Dolphin (*T. truncatus*), is robust, steel blue to grayish brown on the back, with a light belly (white to gray to pale pink). This coloring varies among the subspecies. Sometimes a dark line may be seen between the eye and the base of the flippers. Another dark line crosses the light-colored flanks, extending backwards as far as the tail. The snout is prominent. Has a well-formed melon on the upper part of the head. The dorsal fin is short (12.7 cm high), triangular and with the tip/point curving slightly backwards. The flippers are fairly broad in comparison with those of other dolphins. Has 26-35 pairs of teeth on each jaw, which are unevenly aligned.

Distribution: *S. fluviatilis* is found in the waters of northeast South America, from Santos in Brazil to the north of Lake Maracaibo; from northwest Venezuela to the Caribbean, including the coasts of Costa Rica and Nicaragua. Is also found in the Amazon basin. In Costa Rica, in the southern Caribbean coast. Resident in waters of Central America.

Habits: Lives in river and marine environments. The subspecies found in Costa Rica (*S. fluviatilis*) is marine but swims into estuaries and river mouths in the Southern Caribbean. Found in

Alimentación: Consume gran variedad de peces, como bagres, peces gato, anchovetas (en cardúmenes) y crustáceos (gambas y cangrejos), calamares y pulpos.

Reproducción: Ambos sexos alcanzan la madurez sexual cuando tienen 1,6-1,7 m de longitud. Tiene un sistema de reproducción poliándrico, el cual involucra la competición de esperma, lo que le permite a la hembra seleccionar el macho que tiene los mejores genes. La gestación dura 11-12 meses. Los nacimientos ocurren durante octubre y noviembre.

Estado: En Brasil capturan esta especie para utilizarla como cebo para tiburones. Sin embargo, el mayor daño que se le causa es su captura accidental en las redes de las flotas pesqueras, así como

bays along the Atlantic coast between Costa Rica and Colombia. It is solitary, although it may form groups of up to 25 individuals. However, it is generally seen in small pods of two or three. The compact formation during synchronized swimming suggests that it maintains strong social ties. Is often found in lakes or streams during periods of flooding. The Tucuxi can move freely between freshwater, salt water and marine environments. It is very active in the morning and after sundown. It is a slow swimmer but some individuals perform acrobatic displays, vertical leaps, lateral leaps and "mortal leaps". This dolphin glides along the waves created by boats, rolls on the surface of the water and leaps and falls on its back when the boat has passed. Dives are short, lasting less than a minute. It produces echolocation sounds of up to 95 khz. that allow it to detect small objects of to 15 cm. To do this it must produce 10-70 clicks per minute when it moves in the murky environment of rivers.

Feeding: It eats a great variety of fish, including catfish, anchovies (in shoals) and crustaceans (prawns and crabs), squid and octopuses.

Reproduction: Both sexes reach sexual maturity when they are 1.6-1.7 m long. Has a polyandrous system of reproduction involving sperm competition, which allows the female to select

en trasmallos en la boca de los ríos. Los habitantes de la cuenca del río Amazonas le atribuyen valor medicinal a algunas partes del tucuxi, que se venden en los mercados locales. Está incluida en el Apéndice I de la CITES.

Notas: En el mar, se puede confundir con el delfín hocico de botella (*T. truncatus*). Los aborígenes del Amazonas consideran al tucuxi un animal sagrado, buena compañía y protector, y aseguran que saca del agua a personas ahogadas o en peligro de ahogarse. Soporta bien el cautiverio y se ha tenido éxito en su adiestramiento. Los juveniles pueden ser confundidos con el delfín del río de La Plata (*Pontoporia blainvillei*). Se desconoce el origen de la palabra *Sotalia*, mientras que *fluviatilis* proviene del latín y significa "de un río".

Dónde observar: En Costa Rica, en la costa atlántica desde Cahuita hasta la frontera con Panamá. Un punto importante de observación es el Refugio de Fauna Silvestre Gandoca-Manzanillo.

- Sitios de registro de la especie
- *Sites where the species has been observed*

the male with the best genes. Gestation lasts 11-12 months. Births occur in October and November.

Status: In Brazil this species is caught and used as shark bait. However, the greatest damage is caused by accidental entrapment in the nets of fishing fleets, as well as in trammel nets laid across river mouths. The inhabitants of the Amazon river basin attribute medicinal properties to some parts of the Tucuxi, which are sold in local markets. It is included in Appendix I of CITES.

Notes: In the sea, it may be confused with the Bottlenose Dolphin (*T. truncatus*). The Amazon natives consider the Tucuxi to be a sacred animal, good company and a protector. They claim that it rescues drowned or drowning people from the water. It adapts well to captivity and has been successfully trained. Juveniles may be confused with the Rio de la Plata Dolphin (*Pontoporia blainvillei*). The origin of the word *Sotalia* is not known, but *fluviatilis* comes from the Latin and means "of a river".

Where to observe it: In Costa Rica, on the Atlantic coast from Cahuita to the border with Panama. An important observation point is the Gandoca-Manzanillo Wildlife Refuge.

Lagenodelphis hosei

Delfín de Fraser / *Fraser's Dolphin*

Descripción: Los adultos alcanzan 2,3-2,7 m de longitud, el macho es un poco más grande que la hembra y puede llegar a pesar 209 kg. Esta especie comparte la forma corporal de los géneros *Lagenorhynchus* y *Delphinus*, del primero tiene el hocico y del segundo todo el cuerpo, de allí su nombre *Lagenodelphis*. El cuerpo es robusto, con un hocico corto y de color oscuro, con la línea de la boca larga; gris azulado en el dorso y blanco en el vientre. Una banda blanco crema se extiende desde la parte superior del ojo recorriendo todo su costado hasta terminar en el ano. Otra banda paralela debajo de la blanca comienza sobre los ojos y se extiende hasta el ano. Las aletas pectorales, la dorsal y la caudal son de color oscuro y pequeñas en comparación con el tamaño de su cuerpo. Una franja gris clara (a veces dos) conecta la comisura de la boca con la base de las aletas pectorales. Tiene de 34 a 44 dientes delgados y puntiagudos en cada una de las mandíbulas.

Fraser's Dolphin

Description: Adults reach a length of 2.3-2.7 m, the male is slightly larger than the female and may weigh up to 209 kg. This species shares the body shape of the genera *Lagenorhynchus* and *Delphinus*, with the snout of the former and the body of the latter, hence its name *Lagenodelphis*. The body is robust, with a short snout and is of a dark color, with a long mouthline; blue-gray on the back and white on the belly. A creamy white band extends from the upper part of the eye along the flanks and ends at the anus. Another parallel band below the white one begins above the eyes and stretches to the anus. The flippers, the dorsal fin and the flukes are a dark color and small compared with the size of the body. One (sometimes two) light gray band connects the corners of the mouth with the base of the flippers. Has 34 to 44 slender and pointed teeth in each jaw.

Distribution: A tropical pelagic species, restricted to tropical and subtropical waters. It was discovered in Sarawak (Borneo) and is

Distribución: Es una especie tropical pelágica. Está restringida a las aguas tropicales y subtropicales. Fue descubierta en Sarawak (Borneo) y se encuentra en los océanos Atlántico, Pacífico e Indico, al sur de China, en Australia, Japón y Taiwán. Recientemente se observó en las Antillas Menores y el Golfo de México. En Costa Rica, frente a las costas del Pacífico Central, al suroeste y sureste de la Isla del Coco. Residente ocasional en aguas de América Central.

Hábitos: Forma grupos de 100 a 2.500 individuos, a menudo socializa y se mezcla con otros cetáceos, como el delfín manchado del Pacífico (*S. attenuata*), el delfín girador (*S. longirostris*), la orca común (*O. orca*), la falsa orca (*P. crassidens*) y cachalotes (*Kogia* spp.). Su estilo de nado es muy agresivo, a menudo salpica el agua cuando sale a la superficie a respirar. Puede sumergirse hasta 500 m de profundidad. Cuando sigue un barco, puede alcanzar velocidades de 28 km/hr. Salta fuera del agua, pero es menos acrobático que otros delfines pelágicos. En algunos lugares es tímido y es difícil acercársele, aunque en Suráfrica comúnmente sigue las olas que dejan las embarcaciones; en otros lugares sigue a los botes a cierta distancia. Como otros delfines, *Lagenodelphis hosei* emite una serie de vocalizaciones que le sirven para orientarse durante sus viajes y para la comunicación social. Como no se alimenta sobre la superficie del agua, no compite con los pescadores por el atún ni otros peces pelágicos.

- Sitios de registro de la especie
- *Sites where the species has been observed*

found in the Atlantic, Pacific and Indian oceans, to the south of China, in Australia, Japan and Taiwan. Recently it was spotted in the Lesser Antilles and the Gulf of Mexico. In Costa Rica, off the coasts of the Central Pacific, to the southwest and southeast of Isla del Coco. Occasional resident in waters of Central America.

Habits: Forms groups of 100 to 2,500 individuals, often socializes and mixes with other cetaceans, such as the Pacific Spotted Dolphin (*S. attenuata*), the Spinner Dolphin (*S. longirostris*), the common Killer Whale (*O. orca*), the False Killer Whale (*P. crassidens*) and Sperm Whales (*Kogia* spp.). Its swimming style is very aggressive and it often splashes water when it emerges to the surface to breathe. It can dive to a depth of 500 m. When it follows a boat it can reach speeds of 28 km/hr. It leaps out of the water, but is less acrobatic than other deep sea dolphins. In some places it is shy and difficult to approach, although in South Africa it commonly follows in the wake left by boats; in other places it follows boats at a certain distance. Like other dolphins, *Lagenodelphis hosei* emits a series of vocalizations that it uses to navigate during its journeys and for social communication. Because it is not a surface feeder, it does not compete with fishermen for tuna nor other pelagic fish.

Feeding: It consumes many varieties of fish, including deep water fish, as well as squid and shrimp. It captures its prey at night, when these deep water fish swim near the surface.

Reproduction: Reproduces throughout the year, with a possible peak during the summer months. The female's gestation period

Delfín de Fraser / Fraser's Dolphin

Alimentación: Consume muchas variedades de peces, entre ellos los que se encuentran en aguas profundas, así como calamares y camarones. Captura sus presas durante la noche, cuando estos peces de aguas profundas suben cerca de la superficie.

Reproducción: Se reproduce a lo largo del año, con un posible pico en los meses de verano. El período de gestación de la hembra es de 11 meses. La maduración sexual en ambos sexos ocurre cerca de los siete años de edad. No existe dimorfismo sexual, excepto en la forma y el tamaño de la aleta dorsal, ya que la del macho es mucho más grande.

Estado: Las poblaciones del Pacífico tropical están amenazadas por la explotación de las flotas pesqueras dedicadas a la captura del atún aleta amarilla, por su asociación con éste. En las Antillas Menores, Indonesia, Sri Lanka y las costas de África, los pescadores de subsistencia la capturan por su carne. Está incluida en el Apéndice II de la CITES.

Notas: Esta especie se puede confundir con el delfín común (*Delphinus delphis*) y con el delfín listado (*Stenella coeruleoalba*). Los intentos por mantenerla en cautiverio han fracasado y el tiempo máximo que han soportado es de 100 días. Es una especie recién descrita (1956), por un esqueleto recolectado en 1895. Sin embargo, a finales de la década de 1970 se observó el primer ejemplar vivo. Los pueblos de muchas culturas de Asia lo cazan para alimentarse. Su nombre se deriva del griego *lagenos* = botella, termo y *delphis* = delfín y *hosei* de C. Hose, un habitante de la localidad asiática de Sarawank que recolectó un especimen en 1895.

Dónde observar: En Costa Rica, frente a las costas de Dominical y Uvita, en todo el mar del Parque Nacional Marino Ballena, en el Pacífico; también a pocos kilómetros del sureste y suroeste de la Isla del Coco.

is 11 months. Sexual maturation in both sexes occurs at around seven years of age. There is no sexual dimorphism, except in the shape and size of the dorsal fin, which is much larger in the male.

Status: Populations in the tropical Pacific are threatened by fishing fleets that specialize in catching yellow fin tuna, because of their association with this fish. In the Lesser Antilles, Indonesia, Sri Lanka and the coasts of Africa, subsistence fishermen catch Fraser's dolphins for meat. The species is included in Appendix II of CITES.

Notes: This species can be confused with the common dolphin (*Delphinus delphis*) and with the Striped Dolphin (*Stenella coeruleoalba*). Attempts to keep it in captivity have failed and the maximum period tolerated is 100 days. The species was recently described (1956) from a skeleton collected in 1895. However, at the end of the 1970s the first living specimen was observed. People of many cultures in Asia hunt it to feed themselves. Its name is derived from the Greek *lagenos* = bottle, and *delphis* = dolphin and *hosei* from C. Hose, an inhabitant of Sarawak (Borneo), in Asia, who collected a specimen in 1895.

Where to observe it: In Costa Rica, off the coasts of Dominical and Uvita, in the sea off Ballena Marine National Park, in the Pacific; also a few kilometers southeast and southwest of Isla del Coco.

Delphinus delphis

Descripción: Alcanza 2,5 m de longitud y 100-130 kg de peso, las hembras son un poco más pequeñas. El cuerpo es alargado y elegante. El hocico es largo y bien definido, negro con manchas blancas. Una línea oscura conecta el parche oscuro de los ojos con la esquina de la boca y otra línea conecta la mandíbula inferior con las aletas pectorales. En el dorso tiene una mancha negra o marrón negruzco que semeja una silla de montar en forma de V, un rasgo que permite identificarla. El pecho y el vientre son blancos o crema. El patrón de coloración de los costados es como un ocho alargado, con dos zonas adyacentes blancas, verde grisáceo o amarillento bronceado. La zona posterior es gris hasta el final de la cola. La aleta dorsal es prominente, de forma triangular o como un ancla, gris a negra, situada en medio del dorso. Las aletas pectorales son afiladas y puntiagudas. La aleta caudal es cóncava, gris o negra, dividida por una muesca bien marcada que la recorre toda. Las mandíbulas tienen numerosos dientes puntiagudos (40-55 en cada una).

Distribución: Es una especie cosmopolita. Se encuentra en todos los mares del mundo, en aguas tropicales y templadas, a veces entra en las frías aguas del Ártico. Frecuenta los mares del Pacífico noreste, el Golfo de México, el mar Mediterráneo, el mar Negro, a lo largo de la costa Atlántica de Europa y África, el Océano Indico y cerca de Japón. En América, llega hasta el sur de Chile. En Costa Rica, en todo el mar patrimonial del Pacífico, especialmente las costas de Guanacaste, la Península de Osa y el Golfo Dulce. Residente en aguas de América Central.

Hábitos: Es el cetáceo más gregario y abundante. Se encuentra en grandes grupos de cientos de individuos, llegando hasta 300.000 en áreas de alta concentración de peces en el mar Negro. Suele mezclarse con otras especies de cetáceos. Es una especie pelágica, pero también frecuenta aguas someras. Puede sumergirse hasta a 280 m de profundidad y permanecer abajo hasta ocho minutos. Se desplaza rápidamente sobre la superficie del mar a una velocidad de 46 km/hr y cuando persigue a sus presas puede recorrer más de 300 km en 48 horas. Posee ecolocalización y utiliza un amplio repertorio de vocalizaciones para viajar y comunicarse con otros de su especie. Se considera un animal "afectuoso", que ayuda a mantener a flote a individuos enfermos de su especie, para que puedan respirar; también se relaciona con miembros de otros grupos de delfines. Es común verle nadar a la par de botes pequeños, adelantándose y saltando sobre el agua con rapidez y agilidad. Soporta bien la presencia del ser humano y es fácil entrenarlo, aunque a veces es tímido en cautiverio. Este delfín cierra un ojo durante 5-10 minutos y

Common Dolphin

Description: Reaches a length of 2.5 m and weighs 100-130 kg. The females are slightly smaller than the males. The body is elongated and elegant. The snout is long and well-defined, black with white spots. A dark line connects the dark patch of the eyes with the corners of the mouth and another line connects the lower jaw with the flippers. It has a black or blackish brown V-shaped patch on its back that looks like a saddle, a feature that helps to identify it. The chest and the belly are white or cream. The color pattern on the sides is like an elongated eight, with two adjacent areas that are white, grayish green or a yellowish bronze color. The dorsal area is gray to the end of the tail. The dorsal fin is prominent, triangular or anchor-shaped, gray to black, situated in the middle of the back. The flippers are sharp and pointed. The flukes are concave, gray or black, divided by a well-defined groove or notch. The jaws have numerous pointed teeth (40-55 on each jaw).

Distribution: A cosmopolitan species, found in all the world's oceans, in tropical and temperate waters. Sometimes swims into

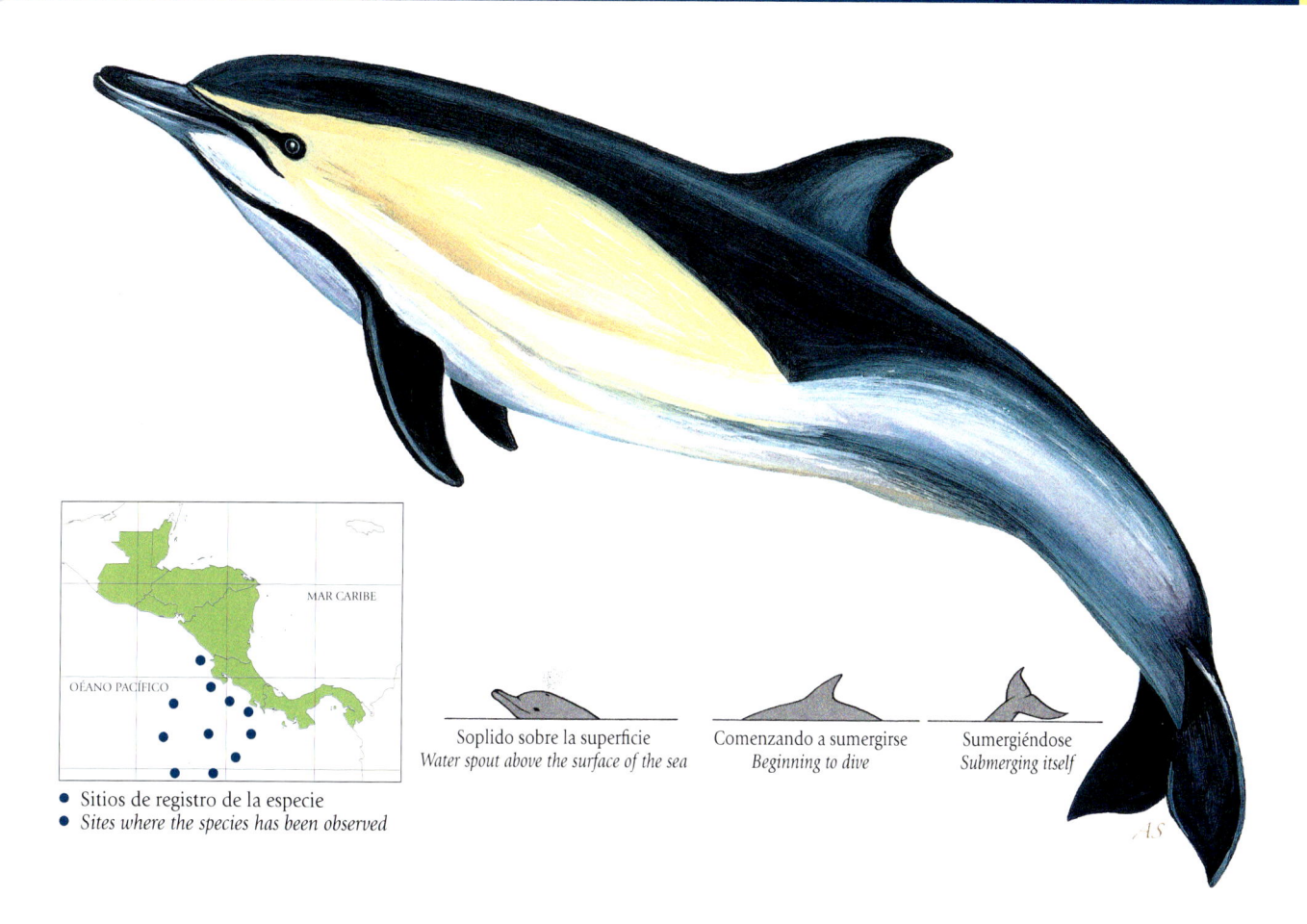

DELFÍN COMÚN, BUFEO / COMMON DOLPHIN

MAR CARIBE

OCÉANO PACÍFICO

- Sitios de registro de la especie
- *Sites where the species has been observed*

Soplido sobre la superficie
Water spout above the surface of the sea

Comenzando a sumergirse
Beginning to dive

Sumergiéndose
Submerging itself

cold Arctic waters. Frequents the seas of the northeast Pacific, the Gulf of Mexico, the Mediterranean, the Black Sea, the Atlantic coast of Europe and Africa, the Indian Ocean and the seas near Japan. In America, as far as southern Chile. In Costa Rica, throughout the territorial waters of the Pacific, particularly the coasts of Guanacaste, the Osa Peninsula and Golfo Dulce. Resident in waters of Central America.

HABITS: The most gregarious and abundant cetacean. It is found in large herds of hundreds of individuals, and as many as 300,000 in areas with high concentrations of fish in the Black Sea. It tends to mix with other cetacean species. It is a pelagic species, but also frequents shallow waters. It can dive to a depth of 280 m and remain underwater for eight minutes. It is a fast swimmer on the surface of the water, reaching a speed of 46 km/hr and when it pursues its prey it can cover more than 300 km in 48 hours. It uses echolocation and has a broad repertoire of vocalizations to navigate and communicate with others of its species. It is considered to be an "affectionate" animal and is

luego hace lo mismo con el otro, en 24 horas pueden cerrar los ojos durante 3-4 horas en promedio.

Alimentación: Se alimenta de una gran variedad de peces, como sardinas, anchovetas, bonitos pequeños, arenques, además de calamares y pulpos. Consume en promedio 40 kg de alimento diarios.

Reproducción: Ambos sexos alcanzan la madurez sexual a los 3-4 años de edad. Después de 10-11 meses de gestación, la hembra pare generalmente una sola cría, aunque a veces nacen mellizos o trillizos, que se destetan a los seis meses de edad. El período entre cada parto es de más de un año.

Estado: Esta especie estuvo sometida a una fuerte presión de caza. En la actualidad se realizan capturas por parte de la flota de Turquía en el mar Negro. Por su asociación con el atún, este delfín a menudo muere en las redes de pesca de los barcos atuneros o es sacrificado por los pescadores. Sin embargo, el impacto de esta matanza en *Delphinus delphis* es menor si se compara con el efecto que esta actividad tiene en los delfines del género *Stenella*. Está incluida en el Apéndice II de la CITES.

Notas: Los varamientos en masa de esta especie no son comunes, porque los grupos se mantienen alejados de las costas. Su nombre se deriva del latín *delphinus* = delfín, marsopa y del griego *delphis* = delfín.

Dónde observar: En Costa Rica, a lo largo de las costas de Guanacaste (Golfo de Papagayo), la Península de Osa, el Parque Nacional Corcovado, Golfo Dulce y la Isla del Coco.

know to help sick individuals of its species to remain afloat, so that they can breathe; also associates with individuals of other dolphin species. It is common to see it swimming alongside small boats, racing ahead and leaping above the water (bow-riding) with speed and agility. It tolerates the human presence very well and is easily trained, although it is sometimes shy in captivity. This dolphin closes one eye for 5-10 minutes and then does the same with the other. In a 24-hour period, it may close its eyes for 3-4 hours on average.

Feeding: Eats a great variety of fish, including sardines, anchovies, small bonitos and herrings, in addition to squid and octopuses. On average it consumes 40 kg of food daily.

Reproduction: Both sexes reach sexual maturity at 3-4 years of age. After 10-11 months gestation, the female generally has a single calf, although she may sometimes have twins or triplets, which are weaned at six months. The interval between each birth is more than one year.

Status: This species was under strong pressure from hunting. Nowadays it is caught by Turkish fishing fleets in the Black Sea. Because of its association with tuna, this dolphin is often trapped in tuna fishing nets or is killed by fishermen. However, the impact of hunting on *Delphinus delphis* is less when compared with the effect that this activity has on the dolphins of the genus *Stenella*. It is included in Appendix II of CITES.

Notes: Mass strandings of this species are not common, because the pods stay away from the coasts. Its name is derived from the Latin *delphinus* = dolphin, porpoise and from the Greek *delphis* = dolphin.

Where to observe it: In Costa Rica, along the coasts of Guanacaste (Gulf of Papagayo), the Osa Peninsula, Corcovado National Park, Golfo Dulce and Isla del Coco.

Delphinus delphins   Miguel Iñíguez

Tursiops truncatus

Descripción: Mide 1,75-4 m de longitud y alcanza un peso de 150 a 650 kg; el macho es más grande. El cuerpo es largo y robusto, azul oscuro a gris oscuro cafezusco, que se destiñe en un gris pálido a lo largo de los flancos. El vientre es blanco rosado y la punta del hocico generalmente es blanca. En algunas poblaciones, el cuerpo es manchado o gris negro. La aleta dorsal está situada en medio de la espalda y es moderadamente alta y falciforme, del mismo color que el lomo. Las aletas pectorales son pequeñas y terminan en punta, con los bordes gris oscuro. La aleta caudal está sinuosamente curvada hacia adentro y tiene una profunda muesca lineal en el centro. Posee 20-28 pares de dientes cónicos de 1 cm de largo en cada una de las mandíbulas. Se han identificado dos ecotipos ("razas"), uno costero y otro de mar adentro, y ambos incluyen poblaciones residentes en las costas y las islas oceánicas.

Distribución: Es una especie cosmopolita, pero evita latitudes muy altas. En el Pacífico se encuentra desde el norte de Japón y el sur de California hasta Australia y Chile; en el Atlántico, desde Nueva Escocia y Noruega hasta la Patagonia y África del sur; común en el mar Mediterráneo. En el Océano Indico, desde Australia hasta Suráfrica. En Costa Rica, a lo largo de la costa del Caribe y en gran parte del mar patrimonial del Pacífico, incluyendo la Isla del Coco. Residente en aguas de América Central, ocasionalmente realiza migraciones locales.

Hábitos: Es una especie social que generalmente viaja en grupos de decenas hasta cientos de individuos, pero lo común son los grupos de 10 individuos en las costas y de 25 mar adentro. La mayoría de las poblaciones no emigran, aunque viajan grandes distancias para encontrar a las presas que les sirven de alimento y cuya captura realizan de manera cooperativa. Es un nadador rápido y alcanza una velocidad de 18 km/hr. Los machos pelean ferozmente entre sí por las hembras durante la época de apareamiento. Los grupos de machos establecen una jerarquía con base en el tamaño. En muchos lugares, este delfín adaptó su estrategia de alimentación para aprovechar las actividades humanas, ya que se alimenta de peces de las redes de los pescadores o sigue a los barcos pesqueros por los desperdicios que arrojan al mar. Como otros delfines, *T. truncatus* nada a lo largo de las olas creadas por los barcos, mientras salta y se contorsiona. Muestra una amplia variedad de vocalizaciones y se estima que tiene un complejo lenguaje, que eventualmente podría permitir su comunicación con los humanos.

Alimentación: Su dieta incluye calamares, camarones, anguilas, salmonetes y una gran variedad de peces. Cada individuo

BOTTLENOSE DOLPHIN, FLIPPER

Description: Measures 1.75-4 m long and weighs 150-650 kg; the male is larger. The body is long and robust, dark blue to dark gray-brown, fading to pale gray along the flanks. The belly is pinkish white and the tip of the snout is generally white. In some populations, the body is speckled or gray black. The dorsal fin is situated in the middle of the back and is moderately high and falcate, of the same color as the flanks. The flippers are small and end in a point, with dark gray edges. The flukes are sinuously curved inwards and have a deep lineal groove in the center. This species has 20-28 pairs of conical teeth in each jaw, measuring 1 cm. Two ecotypes ("races") have been identified: an inshore type and an offshore type, and both include populations resident on coasts and oceanic islands.

Distribution: A cosmopolitan species, but avoids very high latitudes. In the Pacific, from the northern Japan and southern California to Australia and Chile; in the Atlantic, from Nova Scotia and Norway to Patagonia and South Africa; common in the Mediterranean. In the Indian Ocean, from Australia to South Africa. In Costa Rica, along the Caribbean coast and in most of the Pacific territorial waters, including Isla del Coco. Resident

Delfín hocico de botella, Bufeo, Mular, Tursión / *Bottlenose Dolphin, Flipper*

consume unos 6-7 kg de alimento por día. Algunas veces persigue a los peces en los bancos de lodo, deslizándose fuera del agua para capturarlos.

Reproducción: La hembra alcanza la madurez sexual entre 5-12 años de edad, el macho entre 9-13 años. Después de 12 meses de gestación pare una cría, que se desteta a los 18 meses y se mantiene junto a la madre hasta los 5 años. Los partos ocurren cada 2-3 años. Si una hembra pierde a su cría, está en capacidad de quedar preñada inmediatamente.

Estado: Después de una drástica reducción de sus poblaciones durante casi todo el siglo XX, esta especie actualmente está protegida. Los individuos de zonas costeras son capturados para usarlos como alimento o eliminarlos, ya que representan una competencia con los humanos por los recursos pesqueros. La

Soplido sobre la superficie / *Water spout above the surface of the sea*

Comenzando a sumergirse / *Beginning to dive*

Sumergiéndose / *Submerging itself*

in waters of Central America, occasionally undertakes local migrations.

Habits: A social species that generally travels in pods of dozens to hundreds of individuals, though it is more usual to find pods of 10 near the coasts and of 25 individuals offshore. Most populations do not migrate, though they will travel large distances to find prey, which they trap cooperatively. It is a fast swimmer and may reach a speed of 18 km/hr. Males fight ferociously among themselves for the females during the mating season. Groups of males establish a hierarchy based on size. In many places, this dolphin has adapted its feeding strategy to take advantage of human activities, eating the fish from fishermen's nets or follows fishing boats because of the waste and residues that they dump into the sea. Like other dolphins, *T. truncatus* swims in the wake created by boats, performing leaps and somersaults. It displays a wide variety of vocalizations and is believed to have a complex language, which might eventually allow it to communicate with humans.

Feeding: Its diet includes squid, shrimp, eels, red mullet and a wide variety of fish. Each individual consumes around 6-7 kg of

mayor amenaza para este delfín es la pesca comercial del atún, porque queda atrapado en las redes de los barcos atuneros. No existen suficientes datos sobre la situación de sus poblaciones. Está incluida en el Apéndice II de la CITES.

Notas: En la Grecia antigua existía la creencia de que estos delfines salvaban a las personas en peligro de ahogarse o de los ataques de tiburones. Como muchas otras especies de delfines, éstos ayudan a miembros de su grupo cuando se encuentran en peligro o enfermos, manteniéndolos a flote para que respiren. Los lazos entre la madre y la cría son muy fuertes, aún después de que la cría ha muerto, ya que la madre se mantiene a su lado por algún tiempo. Se adapta bien al cautiverio y es el delfín más común en los acuarios, el cine y la televisión. Su nombre de deriva del latín *tursio* = un animal como un delfín, del griego *ops* = cara y del latín *truncare* = cortar.

Dónde observar: En Costa Rica, en la costa del Pacífico, en los golfos de Nicoya, Papagayo y Dulce; en el Pacífico central, frente al Parque Nacional Marino Ballena; en Guanacaste, frente a las costas del Parque Nacional Santa Rosa. También frente a las costas del mar Caribe.

- Sitios de registro de la especie
- *Sites where the species has been observed*

food per day. Sometimes it chases fish into sand or mud banks, sliding out of the water to trap them.

Reproduction: Females reach sexual maturity between 5-12 years of age, males between 9-13 years. Females give birth to one calf after 12 months of gestation. The offspring is weaned at 18 months and remains with its mother until it is five years old. Births occur every 2-3 years. If a female loses her calf, she is capable of becoming pregnant immediately.

Status: After a drastic reduction in its populations throughout most of the twentieth century, this species is now protected. Individuals in coastal areas are caught for food or simply to eliminate them, as they compete with humans for fish. Commercial tuna fishing poses the greatest threat to this dolphin because it is often netted by tuna fishing boats. There is insufficient data on the status of its populations. It is included in Appendix II of CITES.

Notes: The ancient Greeks believed that these dolphins saved people from drowning or protected them from the attacks of sharks. Like many other dolphin species, they help members of their group who are sick or in danger, keeping them afloat so that they can breathe. The ties between mothers and their young are very strong – even after the calf has died, as the mother will remain at its side for some time. It adapts well to captivity and is the most common dolphin to be found in aquariums, in films and on television. Its name is derived from the Latin *tursio* = an animal like a dolphin, from the Greek *ops* = face and from the Latin *truncare* = short.

Where to observe it: In Costa Rica, on the Pacific coast, in the Gulfs of Nicoya and Papagayo and Golfo Dulce; in the Central Pacific, opposite Ballena Marine National Park; in Guanacaste, off the coasts of Santa Rosa National Park. Also off the Caribbean shores.

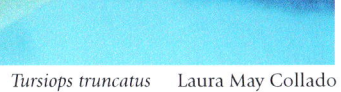

Tursiops truncatus   Laura May Collado

Tursiops truncatus   Laura May Collado

Tursiops truncatus   Miguel Iñíguez

Grampus griseus

Descripción: Alcanza 3,5-4 m de longitud y 300-500 kg de peso. No presenta dimorfismo sexual. El cuerpo es robusto como un barril en la parte anterior de la aleta dorsal; la cabeza es blanca, redondeada y tiene una ranura cóncava en la frente; sin hocico definido. El dorso es blanco, gris a gris oscuro, a veces con franjas café. El vientre tiene una mancha blanca en forma de ancla. Presenta numerosas marcas o heridas semejantes a las producidas por latigazos, posiblemente causadas por otros individuos de la misma especie o luchas con calamares gigantes, aunque también podría deberse a una pobre pigmentación de la piel. La aleta dorsal, situada a la mitad del cuerpo, es grande y curvada como la de la orca común (*O. orca*). Las aletas pectorales son grandes y puntiagudas, de color más oscuro que el resto del cuerpo. Tiene una dentición peculiar, con 3-7 dientes de forma cónica en la mandíbula inferior (que los individuos viejos pueden perder totalmente) y carece de dientes en la mandíbula superior.

Distribución: Es una especie cosmopolita y abundante en latitudes tropicales y templadas de aguas calientes y mares adyacentes. Se encuentra en el Atlántico Norte, en Suecia, el Mediterráneo y las Antillas Menores; al sur en Argentina, Chile y Suráfrica. Se ha registrado también en Nueva Zelanda, el Océano Índico y Australia. Está ausente en latitudes mayores de 20° norte. En Costa Rica, en la mayor parte del mar patrimonial y cerca de las costas de Guanacaste, en el Pacífico Central, la Península de Osa y la Isla del Coco. Residente en aguas de América Central.

Hábitos: Es una especie gregaria, forma grupos de 3-50 individuos y un promedio de 30, aunque se han registrado grupos de hasta 4.000 mezclados con otras especies de delfines. Su comportamiento es semejante al de la mayoría de los delfines. Puede alcanzar velocidades de nado de 32 km/hr, pero lo común son unos 7 km/hr. Es un nadador de aguas profundas (más de 1.000 m). A menudo se le ve en compañía de delfines pelágicos y calderones tropicales (*Globicephala macrorhynchus*). Cuando los grupos salen a la superficie del agua, lo hacen lentamente de lado a lado, en una formación como de "línea de coro". Este delfín se mueve rápidamente y es un acróbata aéreo, salta, golpea sus aletas pectorales ("aplauso"), y a menudo surca y "monta olas". Se han observado agresiones físicas entre individuos, en las que esta especie utiliza las aletas caudal y dorsal y la parte posterior del cuerpo para dar "aletazos". Emite

Risso's Dolphin

Description: Reaches a length of 3.5-4 m and weighs 300-500 kg. It does not exhibit sexual dimorphism. The body is robust like a barrel in the area in front of the dorsal fin; the head is white, rounded and has a concave crease on the forehead; no defined beak. The back is white, gray to dark gray, sometimes with brown bands. The belly has a white anchor-shaped patch. It has numerous marks or wounds similar to those produced by a whiplash, possibly caused by other individuals of the same species or by fights with giant squid, although it could also be due to poor skin pigmentation. The dorsal fin, situated half way along the back, is large and curved like the fin of the common Killer Whale (*O. orca*). The flippers are large and pointed, and darker than the rest of the body. Has peculiar dentition, with 3-7 conical teeth in the lower jaw (which old individuals may lose completely) and no teeth in the upper jaw.

Distribution: A cosmopolitan species, abundant in warm waters of tropical and temperate latitudes and adjacent seas. Is found in the North Atlantic, of the coasts of Sweden, in the Mediterranean and the Lesser Antilles; to the south of Argentina, Chile and South Africa. It has also been sighted in New Zealand, the

CALDERÓN GRIS, DELFÍN DE RISSO / *RISSO'S DOLPHIN*

una serie de sonidos variados, como chasquidos, gritos, llanto, pequeños golpes y silbidos.

ALIMENTACIÓN: Consume una gran variedad de cefalópodos, entre ellos los más importantes son calamares pequeños y pulpos; a veces come peces.

REPRODUCCIÓN: Alcanza la madurez sexual cuando tienen 3 m de longitud. Los nacimientos ocurren en los meses más cálidos, entre diciembre y abril, en los mares tropicales. Las crías miden 1,5 m al nacer.

ESTADO: En general, las capturas de este delfín son ocasionales, pero países como Perú y Japón lo cazan regularmente y en menor escala en los mares Caribe, Mediterráneo, Negro y en las islas del Pacífico. Se sospecha que la mortalidad causada por las redes de los barcos dedicados a la pesca del atún y calamares

Indian Ocean and Australia. It is absent in latitudes higher than 20° north. In Costa Rica, in most territorial waters and near the coasts of Guanacaste, in the Central Pacific, the Osa Peninsula and Isla del Coco. Resident in waters of Central America.

HABITS: A gregarious species, forms pods of 3-50 individuals with an average of 30, although herds of up to 4,000 have been reported, mixed with other dolphin species. Its behavior is similar to most dolphins. It can swim at speeds of up to 32 km/hr, but commonly swims at 7 km/hr. It is a deep water swimmer (more than 1,000 m). and is often seen in the company of pelagic dolphins and pilot whales (*Globicephala macrorhynchus*). When pods emerge to the surface of the se, they do so slowly moving from side to side, in a formation like a "chorus line". This dolphin moves swiftly and is an aerial acrobat. It leaps, claps its flippers ("applause"), and often surfs and "rides waves". Physical aggression has been observed among individuals of this species, which use their flukes, dorsal fins and the rear end of the body to "slap" others. This species produces a varied range of sounds, such as clicks, shrieks, moans, knocking sounds and whistles.

puede estar mermando sus poblaciones. Parece ser una especie muy susceptible a la contaminación por químicos, plásticos, basura, latas de refrescos, nylon de pescar y otros objetos, los cuales se han encontrado en sus estómagos. Está incluida en el Apéndice II de la CITES.

Notas: *G. griseus* puede ser confundida con los atunes, la orca (*O. orca*) y el delfín hocico de botella (*T. truncatus*), pero su cuerpo, cabeza y la aleta dorsal son sus rasgos característicos. En cautiverio se ha cruzado con el delfín hocico de botella y han producido híbridos, se sospecha que este cruce también ocurre en estado silvestre. Puede soportar el cautiverio. Su nombre proviene del latín *grampus* = pez grande y *griseus* = gris.

Dónde observar: En Costa Rica, frente a las costas de Guanacaste (refugios nacionales de vida silvestre Tamarindo y Ostional), en el Parque Nacional Marino Ballena, el Parque Nacional Corcovado, la isla del Caño y ocasionalmente la boca del Golfo Dulce.

- Sitios de registro de la especie
- *Sites where the species has been observed*

Feeding: Consumes a large variety of cephalopods, particularly small squid and octopuses; sometimes eats fish.

Reproduction: Reaches sexual maturity when it attains a length of 3 m. Births occur in the warmer months, between December and April, in tropical seas. The calves measure 1.5 m at birth.

Status: In general, catches of this dolphin are occasional, though countries such as Peru and Japan hunt it regularly. It is caught on a small scale in the Caribbean, Mediterranean, Black seas and in the Pacific islands. It is suspected that the deaths caused by the nets of tuna and squid fishing boats may be reducing its populations. These dolphins appear to be very susceptible to pollution from chemicals, plastics, garbage, tin cans, nylon fishing lines and other objects that have been found in their stomachs. The species is included in Appendix II of CITES.

Notes: *G. griseus* may be confused with tuna fish, Killer Whale(*O. orca*) and the Bottlenose Dolphin (*T. truncatus*), but its body, head and dorsal fin are its characteristic features. In captivity it has been cross-bred with the Bottlenose Dolphin to produce hybrids, and it is suspected that this cross also occurs in the wild. It tolerates captivity. Its name comes from the Latin *grampus* = large fish and *griseus* = gray.

Where to observe it: In Costa Rica, opposite the coasts of Guanacaste (Tamarindo and Ostional National Wildlife Refuges), in the Ballena Marine National Park, Corcovado National Park, Isla del Caño and occasionally the mouth of Golfo Dulce.

Stenella attenuata

Delfín manchado del Pacífico, Delfín moteado de antifaz, Delfín manchado pantropical / Pacific Spotted Dolphin

Descripción: Alcanza 2,2-2,5 m de longitud y 90-165 kg de peso. El macho es más grande que la hembra, pero ésta tiene el hocico más grande. El cuerpo es largo y delgado, de coloración variable; su forma y tamaño difieren un poco entre las zonas geográficas donde se encuentra, y en poblaciones costeras tiende a ser más robusto y grande. Tiene una gran mancha distintiva en forma de capa o montura sobre la espalda, gris oscuro a gris acerado, que se extiende desde la frente hasta un poco más allá de la aleta dorsal y sobre la cual hay pequeñas manchas blancas delgadas. El vientre es blanco crema con manchas oscuras. Posee un parche oscuro sobre el ojo (antifaz) y una línea oscura desde la aleta pectoral hasta el hocico, cuyo final es blanco brillante.

Pacific Spotted Dolphin

Description: Reaches a length of 2.2-2.5 m and weighs 90-165 kg. The male is larger than the female, but the latter has a larger snout. The body is long and sleek, of variable color; its shape and size differ slightly depending on the geographic area where it is found, but tends to be more robust and larger in coastal populations. Has a large distinctive cape or saddle patch on the back, dark gray to steel gray, which extends from the front to a just beyond the dorsal fin and on which there are small white slender spots. The belly is creamy white with dark spots. Has a dark patch across the eye (mask) and a dark line from the flipper to the snout, the tip of which is brilliant white. The dorsal fin is falcate and is the same color as the back. The flukes and flippers are small and end in a point. Each jaw has 29-37 small, rounded teeth.

Distribution: Found in coastal waters and open seas of the world's tropical and subtropical regions. In the Pacific, Atlantic and Indian oceans; the China Sea and near Japan, the coasts of Peru, New Zealand and Panama, the Galápagos Islands, the Caribbean and the Gulfs of California and Mexico. In Costa Rica, throughout the Pacific coast; common in Golfo Dulce. Resident in waters of Central America.

Habits: A gregarious species, forming herds of one thousand or more individuals, especially offshore populations, but groups of

Delfín manchado del Pacífico, Delfín moteado de antifaz, Delfín manchado pantropical / Pacific Spotted Dolphin

La aleta dorsal tiene forma de hoz y es del mismo color que el dorso. La aleta caudal y las aletas pectorales son pequeñas y terminan en punta. Cada una de las mandíbulas tiene 29-37 dientes pequeños y redondeados.

Distribución: Se encuentra en aguas costeras y mares abiertos de las zonas tropicales y subtropicales del mundo. En los océanos Pacífico, Atlántico e Índico; el mar de China y cerca de Japón, las costas de Perú, Nueva Zelanda y Panamá, las islas Galápagos, el mar Caribe y los golfos de California y de México. En Costa Rica, frente a toda la costa pacífica; común en el Golfo Dulce. Residente en aguas de América Central.

Hábitos: Es una especie gregaria, forma manadas de mil o más individuos, especialmente en las poblaciones de alta mar, pero son más comunes los grupos de unos pocos cientos. En poblaciones costeras los grupos suelen ser de 50 o menos, con individuos de ambos sexos y de todas las clases de edad. A menudo viaja en cardúmenes mezclados con otras especies, especialmente con el delfín girador (*Stenella longirostris*); ambas especies viajan con congregaciones de atún aleta amarilla. Es un buen nadador y puede alcanzar una velocidad de 28 km/h. Es un delfín acrobático, a menudo hace una serie de sorprendentes saltos altos, manteniéndose suspendido en el aire por varios segundos. Cuando se siente en peligro, se reúne con otros de su especie. A veces viaja al lado de las embarcaciones. Utiliza la ecolocalización para encontrar alimento y también produce silbidos agudos de corta duración.

Alimentación: Muy variada, incluye 18 especies de peces (como macarelas, peces voladores, arenques y anchovetas) y cuatro especies de cefalópodos (como calamares). Su dieta es muy semejante a la del atún aleta amarilla.

a few hundred are more common. Among coastal populations, pods tend to consist of 50 or fewer, with individuals of both sexes and of all ages. They often travel with other species in "mixed schools", especially with the Spinner Dolphin (*Stenella longirostris*); both species travel with shoals of yellow fin tuna. This species is a good swimmer and can reach a speed of 28 km/h. It is an acrobatic dolphin, often performing a succession of amazing high leaps and remaining suspended in mid-air for several seconds. When it feels threatened, it joins others of its species. Sometimes it travels alongside boats. It uses echolocation to find food and also emits short, shrill whistles.

Feeding: Very varied, includes 18 species of fish (such as mackerel, flying fish, herrings and anchovies) and four species of cephalopods (e.g. squid). Its diet is very similar to that of the yellow fin tuna.

Stenella attenuata — Laura May Collado

Reproduction: Males reach sexual maturity between six and seven years of age, when they are 2 m long; females at 4.5-8,5 years of age and 1.95 m. Births occur throughout the year. Females give birth to a single calf (rarely two) after 11.5 months gestation, and weaning occurs at 18 months. Births occur at intervals of 2-3 years, but in some areas this interval may be four years. This dolphin lives for 45 years.

DELFÍN MANCHADO DEL PACÍFICO, DELFÍN MOTEADO DE ANTIFAZ, DELFÍN MANCHADO PANTROPICAL / PACIFIC SPOTTED DOLPHIN

REPRODUCCIÓN: El macho alcanza la madurez sexual entre los seis y siete años de edad, cuando tiene 2 m de longitud; la hembra a los 4,5-8,5 años de edad y 1,95 m. Los nacimientos ocurren a lo largo del año. La hembra pare una sola cría (raramente dos) después de 11,5 meses de gestación, el destete se produce a los 18 meses. Los partos se suceden 2-3 años después de cada nacimiento, pero en algunas zonas este lapso puede ser de cuatro años. Vive hasta 45 años.

ESTADO: Es uno de los cetáceos más capturados en el mundo (mueren miles cada año), porque es atrapado en las redes de los barcos dedicados a la pesca comercial del atún aleta amarilla, ya que está muy asociado a éste pues su dieta es muy similar. Esta asociación le permite a los pescadores seguir a este delfín para encontrar los bancos de atún. Por otro lado, en Japón se cazan alrededor de 2.000 delfines por año para alimentación. Sin embargo, la tasa de mortalidad se está reduciendo, debido a las leyes internacionales y al mejoramiento de las técnicas de pesca. Está incluida en el Apéndice II de la CITES.

NOTAS: Los individuos con pocas manchas pueden ser confundidos con delfines hocico de botella (*Tursiops truncatus*), pero se diferencian por el color blanco del hocico en la mandíbula superior. Los juveniles son depredados por tiburones en áreas de alta concentración de atunes. Se sospecha que la orca común (*Orcinus orca*), la orca enana (*Peponocephala electra*), la orca pigmea (*Feresa attenuata*) y el calderón tropical (*Globicephala macrorhynchus*) son depredadores de esta especie. Se adapta bien al cautiverio, pero no responde de la misma manera al entrenamiento, como sí lo hacen otras especies de delfines. Su nombre proviene del griego *stenos* = angosto y del latín *attenuatus* = delgado.

DÓNDE OBSERVAR: En Costa Rica, con frecuencia se ve en las costas de Guanacaste y en la Península de Osa, especialmente en el Golfo Dulce.

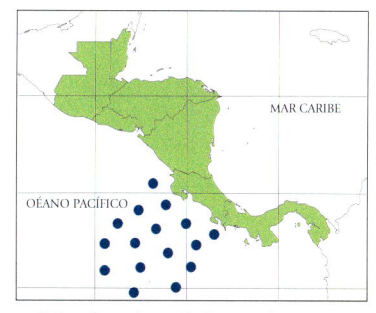

STATUS: One of the most frequently caught cetaceans in the world. Thousands die each year, trapped in the nets of boats involved in commercial fishing of yellowfin tuna, with which these dolphins are closely associated because their diet is very similar. This association enables fishermen to follow the dolphins to find tuna fish. In Japan around 2,000 dolphins are caught annually for food. However, the mortality rate is being reduced thanks to international legislation and improved fishing techniques. This species is included in Appendix II of CITES.

NOTES: Individuals with few spots may be confused with Bottlenose Dolphins (*Tursiops truncatus*), but are differentiated by the white color of the snout on the upper jaw. Juveniles are eaten by sharks in areas with large concentrations of tuna fish. It is suspected that the common Killer Whale (*Orcinus orca*), the Dwarf Killer Whale (*Peponocephala electra*), the Pygmy Killer Whale (*Feresa attenuata*) and the Short-finned Pilot Whale (*Globicephala macrorhynchus*) are predators of this species. It adapts well to captivity, but does not respond well to training, as do other species of dolphins. Its name comes from the Greek *stenos* = narrow and from the Latin *attenuatus* = slender.

WHERE TO OBSERVE IT: In Costa Rica it is frequently seen off the coasts of Guanacaste, the Osa Peninsula and particularly in Golfo Dulce.

- Sitios de registro de la especie
- *Sites where the species has been observed*

Stenella frontalis

Descripción: Alcanza en promedio 1,6-2,3 m de longitud y 90 kg de peso. El cuerpo es robusto y más pesado que el de su primo el delfín manchado del Pacífico (*S. attenuata*). La hembra suele ser un poco más grande que el macho. El hocico es delgado y tiene pequeños puntos blancos, ocasionalmente los labios son del mismo color. Posee una línea oscura que une el ojo y la parte anterior de las aletas pectorales. El cuerpo es gris-púrpura oscuro en el dorso, que se desvanece a gris claro en los flancos; el vientre es blanco. Tiene una "llamarada" que recorre toda la columna vertebral. Las manchas del cuerpo varían mucho, algunos individuos no las tienen y eso depende de la región geográfica. Las manchas son claras en las partes oscuras del dorso y oscuras en las partes claras de los costados. La aleta dorsal es de altura moderada y falciforme. La aleta caudal es grande y aplanada y las aletas pectorales son grandes. Las aletas pectorales y la caudal llevan contornos claros. Tiene 32-42 dientes pequeños de forma cónica en cada mandíbula.

Distribución: En aguas tropicales, subtropicales y templadas del Océano Atlántico, el Golfo de México y el mar Caribe, tanto en alta mar como en áreas costeras. En Costa Rica, se observa frente a las costas de la provincia de Limón. Residente en aguas de América Central.

Hábitos: Es un animal sociable que vive en grupos de unos 50 individuos; en áreas costeras ese número oscila entre 5 y 15. Forma cardúmenes con otras especies de delfines, especialmente el delfín girador (*S. longirostris*). La composición de los grupos sugiere que existe segregación por sexo, edad y estado reproductivo. Es un nadador vigoroso y activo sobre la superficie del agua, da vueltas hacia delante y se lanza al aire con grandes saltos, también se desliza erguido sobre la cola y nada delante de las embarcaciones. Posee un sistema de comunicación complejo, constituido por silbidos agudos, que sirven para diferenciar a los individuos. Además de utilizar silbidos, es capaz de comunicarse por el chasqueo de la lengua, "cacareando" y emitiendo gritos agudos.

Alimentación: Consume una variedad de invertebrados marinos, así como anguilas y arenques. Se ha observado comiendo desperdicios de peces de los barcos pesqueros. Generalmente se alimenta cerca de la superficie, rastreando cardúmenes de peces pequeños.

Spotted Dolphin, Atlantic Spotted Dolphin

Description: Reaches an average length of 1.6-2.3 m and weighs 90 kg. The body is robust and heavier than that of its cousin, the Pacific Spotted Dolphin (*S. attenuata*). Females tend to be slightly larger than males. The snout is slender with occasional small white spots, and the lips are of the same color. It has a dark line that joins the eye and the leading edge of the flippers. The body is a dark purple gray color on the back, fading to light gray on the flanks; the belly is white. It has a "blaze" that runs along the entire length of the spine (spinal blaze). The spots on the body vary considerably, and some individuals do not have them at all, depending on the geographic region. The spots are light on the dark dorsal areas and dark on the light areas on the flanks. The dorsal fin is moderately high and falcate. The flukes are large and flattened and the flippers are large. The flippers and the flukes have well-defined contours. Has 32-42 small conical teeth in each jaw.

Distribution: Tropical, subtropical and temperate waters of the Atlantic Ocean, the Gulf of Mexico and the Caribbean Sea, both in offshore and coastal areas. In Costa Rica, it is seen off the coasts of Limon province. Resident in waters of Central America.

Delfín manchado del Atlántico, Delfín moteado / Spotted Dolphin, Atlantic Spotted Dolphin

Habits: A sociable animal that lives in groups of around 50 individuals; in coastal areas pod size varies from 5 to 15. It forms herds with other species of dolphins, especially the Spinner Dolphin (*S. longirostris*). The composition of the groups suggests that these dolphins are segregated by sex, age and reproductive status. This species is a vigorous swimmer and active on the surface of the water, rolling forwards and shooting up into the air with great leaps. Also stands erect on its tail and swims in front of boats (bow-riding). It has a complex communication system, consisting of shrill whistles, that serve to differentiate individuals. In addition to using whistles, it is capable of communicating by clicking its tongue, "cackling" and emitting shrill shrieks.

Feeding: It feeds on a variety of marine invertebrates, as well as eels and herrings. It has been observed eating waste and fish residues from fishing boats. Generally feeds near the surface, tailing shoals of small fish.

Reproduction: Females are sexually mature at nine years and males at around 12 years. There is evidence that mating occurs

Reproducción: La hembra es sexualmente madura a los nueve años y el macho cerca de los 12. Hay evidencias de que el apareamiento ocurre a lo largo del año, sin un pico evidente. La hembra pare una sola cría después de 11-12 meses de gestación.
Estado: Este delfín es capturado por pequeñas embarcaciones pesqueras de arpones en el Caribe –San Vicente– y las Azores. Está incluida en el Apéndice II de la CITES.
Notas: Esta especie puede ser confundida con otras del género *Stenella*, principalmente S. *longirostris*, S. *clymene* y S. *attenuata*. Si este delfín está en problemas puede llamar pidiendo ayuda, haciendo circular señales intermitentes que alertan a otros delfines, los cuales acuden rápidamente. Si un miembro del grupo está herido o enfermo, los otros se turnan para apoyarlo y mantenerlo sobre la superficie del agua hasta que se recupere o muera. Los esfuerzos para mantenerlo en cautiverio han fracasado. El nombre *frontalis* se deriva del latín y significa "en frente".
Dónde observar: En Costa Rica, en cualquier punto de la costa de la provincia de Limón, como Cahuita, Puerto Viejo, Tortuguero y Gandoca-Manzanillo.

- Sitios de registro de la especie
- *Sites where the species has been observed*

throughout the year, with no obvious peak period. The female it gives birth to a single offspring after 11-12 months gestation.
Status: This dolphin is caught by small fishing boats equipped with harpoons in the Caribbean (St. Vincent) and the Azores. It is included in Appendix II of CITES.
Notes: This species may be confused with others of the genus *Stenella*, particularly S. *longirostris*, S. *clymene* and S. *attenuata*. When this dolphin is in trouble it can summon help by producing intermittent signals that alert other dolphins, which quickly respond. If a member of the herd is injured or sick, the others take turns to support it and keep it afloat on the surface of the water until it recovers or dies. Efforts to keep this species in captivity have failed. The name *frontalis* is derived from the Latin and means *in front*.
Where to observe it: In Costa Rica, all the way along the coast of Limon province, e.g. Cahuita, Puerto Viejo, Tortuguero and Gandoca-Manzanillo.

Stenella coeruleoalba

Delfín listado, Delfín rayado, Delfín azul
Striped Dolphin, Blue-White Dolphin

Descripción: Alcanza 2,2 a 2,7 m de longitud y 135-157 kg de peso, el macho es ligeramente más grande que la hembra. El cuerpo es fusiforme y de tamaño semejante al del delfín manchado del Pacífico (*S. attenuata*). El dorso varía de gris claro a gris oscuro a gris azulado, mientras que los flancos son gris claro y el vientre es blanco. Una banda negra comienza detrás del ojo y se extiende a lo largo del costado hasta el ano. Una pequeña raya negra, originada en el mismo punto del ojo, corre paralela a la anterior pero se desvanece sobre las aletas pectorales. Una banda ancha negra comienza debajo y enfrente del ojo y se extiende hasta el inicio de la aleta dorsal, debajo de la cual se distingue una mancha oscura de forma triangular. Un pliegue distintivo separa la frente del hocico. La aleta dorsal es moderadamente falciforme y está situada en el centro de la espalda. Las aletas pectorales son delgadas y largas. La aleta caudal es como un pedúnculo, angosto y sin una quilla fuerte. Tiene entre 45-50 pares de dientes afilados y curvados hacia adentro en las mandíbulas inferior y superior.

Distribución: Es una especie cosmopolita, típicamente oceánica, poco común en aguas someras. Se encuentra en los

Striped Dolphin, Blue-White Dolphin

Description: Reaches a length of 2.2 to 2.7 m and weighs 135-157 kg. The male is slightly larger than the female. The body is fusiform and similar in size to the Pacific Spotted Dolphin (*S. attenuata*). The back varies from light gray to dark gray to blue-gray, while the flanks are light gray and the belly is white. A black stripe begins behind the eye and extends along the side to the anus. A small black stripe, originating at the same point of the eye, runs parallel to it but disappears into the flippers. A broad black band begins below and in front of the eye and stretches to the base of the dorsal fin, under which a dark triangular patch is visible. A distinctive fold separates the forehead from the snout. The dorsal fin is moderately falcate and is set at midpoint along the back. The flippers are slender and long. The flukes resemble a peduncle, narrow and without a strong keel. Has between 45-50 pairs of sharp teeth that curve inwards on the lower and upper jaws.

Distribution: A cosmopolitan species, typically oceanic, uncommon in shallow waters. It is found in the Pacific, Atlantic

océanos Pacífico, Atlántico e Índico, en el mar Caribe, el mar Mediterráneo (donde es muy común) y al norte del Golfo de México. Habita aguas tropicales, subtropicales y templadas alrededor del mundo, algunas veces se traslada a aguas frías. En Costa Rica, en casi todo el mar patrimonial del Pacífico. Residente en aguas de América Central.

Hábitos: Es una especie gregaria, que forma grupos de 30 a 500 individuos, algunas veces manadas de miles, las cuales pueden contener ya sea sólo juveniles sin machos adultos, sólo hembras adultas sin crías o sólo machos adultos. En los mares de Japón y China esta especie tiene patrones migratorios durante el invierno. Es un delfín nadador veloz muy activo y frecuentemente realiza maniobras, como saltar fuera del agua, golpear su barbilla contra el pecho o nadar a lo largo de las olas creadas por un bote o barco, mientras salta y gira. Posee un comportamiento único llamado "roto-coleado", que consiste en grandes saltos arqueados mientras realiza muchas rotaciones rápidas y violentas con la cola antes de regresar al agua. Como todo los delfines, utiliza vocalizaciones, tales como chasquidos y silbidos, las cuales podrían servir para la comunicación y la búsqueda de alimento (ecolocalización).

Alimentación: Es una especie oportunista, pero consume principalmente calamares, crustáceos (camarones) y una gran variedad de peces como bacalao y peces pelágicos.

Reproducción: El macho alcanza la madurez sexual a los 6-9 años de edad, la hembra a los 5-13 años, cuando tienen en promedio 1,9 m de longitud. La hembra pare una sola cría después de 12-13 meses de gestación y ésta se alimenta de sólidos a los tres meses. El destete se produce a los 16 meses. Los partos se suceden cada 3-4 años después de cada nacimiento. La hembra tiene un período de descanso de 3-6 meses entre la lactancia y el siguiente apareamiento.

Estado: Esta especie se ha cazado durante muchos siglos, principalmente por pesqueros japoneses. Inicialmente la población en los mares de Japón era de más de medio millón, en la actualidad llega a menos de la mitad y cada año se capturan 3.000 individuos. Otra fuente de mortalidad son las redes de los atuneros; además, muchos son muertos por pescadores de bacalao y anchoveta. Está incluida en el Apéndice II de la CITES.

Notas: No se ha tenido éxito en el mantenimiento de esta especie en cautiverio ni en su entrenamiento. Se han registrado

and Indian Oceans, in the Caribbean and the Mediterranean (where it is very common) and north of the Gulf of Mexico. It inhabits tropical, subtropical and temperate waters around the world, sometimes migrating to cold waters. In Costa Rica, in nearly all the territorial waters of the Pacific. Resident in waters of Central America.

Habits: A gregarious species, forming pods of 30 to 500 individuals, sometimes herds of thousands. These may include only juveniles without adult males, only adult females without calves or only adult males. In the seas of China and Japan this species has migratory patterns during the winter. It is a fast swimmer, very active and frequently performs maneuvers such as leaping out of the water, slapping its chin against its chest or swimming in the wake created by boats or ships, as it leaps and spins. It engages in a unique behavior called "tail-spinning" that consists of great arching leaps as it performs a succession of quick and vigorous rotations with the tail before returning to the water. Like all dolphins, it uses vocalizations, such as clicks and whistles, which may serve to communicate and to find food (echolocation).

Feeding: An opportunist species, but mainly eats squid, crustaceans (shrimp) and a great variety of fish such as cod and pelagic fish.

Delfín listado, Delfín rayado, Delfín azul
Striped Dolphin, Blue-White Dolphin

varamientos individuales pero no en masa. En el mar puede ser confundida con el delfín común (*D. delphis*) y con el delfín de Fraser (*Lagenodelphis hosei*). A veces es atacada por orcas (*O. orca*) y tiburones. Su nombre proviene del latín *coeruleo* = cielo azul y *albus* = blanco.

Dónde observar: Los puntos más cercanos para verla son la Península de Osa, la Península de Santa Elena (frente al Parque Nacional Santa Rosa) y la Isla del Coco.

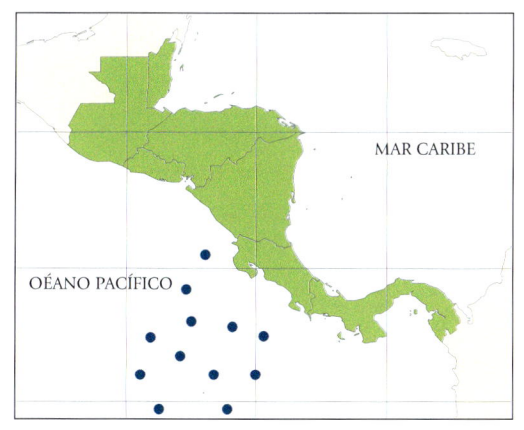

- Sitios de registro de la especie
- Sites where the species has been observed

Stenella coeruleoalba — Miguel Iñíguez

Reproduction: Males reach sexual maturity at 6-9 years of age, females at 5-13 years, when they reach an average length of 1.9 m. Females give birth to a single calf after 12-13 months gestation, which begins feeding on solids at three months. Weaning occurs at 16 months. Births occur at 3-4 year intervals. The female has a rest period of 3-6 months between lactation and the next mating.

Status: This species has been hunted for many centuries, mainly by Japanese fishermen. Originally, the population in the Sea of Japan numbered more than half a million, but now there are less than half that number and every year 3,000 individuals are captured. The nets of tuna fishermen are another cause of mortality and many more are killed by cod and anchovy fishermen. This species is included in Appendix II of CITES.

Notes: Efforts to keep this species in captivity and train it have been unsuccessful. Single (individual) strandings have been reported, but not mass strandings. In the sea it can be confused with the common dolphin (*D. delphis*) and with Fraser's Dolphin (*Lagenodelphis hosei*). Sometimes is attacked by Killer Whales (*O. orca*) and sharks. Its name comes from the Latin *coeruleo* = sky blue and *albus* = white.

Where to observe it: The closest points to see it are the Osa Peninsula, the Santa Elena Peninsula (opposite Santa Rosa National Park) and Isla del Coco.

Stenella longirostris

Descripción: Es un delfín pequeño, alcanza 1,3-1,8 m de longitud y un peso de 55-75 kg, pero la variedad de Costa Rica es de mayor tamaño y puede llegar a medir 2,1 m y pesar 95 kg. El macho generalmente es más largo que la hembra. El cuerpo es delgado y musculoso, con tres patrones de coloración bien definidos. El dorso es gris oscuro, los flancos café claro a crema y el vientre blanco. Una raya negra oscura se extiende desde las aletas pectorales hasta el ojo y una mancha alrededor de los ojos se extiende hasta el hocico. El hocico es estrecho y largo, negro en la parte superior y blanco en la inferior. Tiene el hocico más largo de todos los delfines oceánicos. La aleta dorsal es triangular y toda gris. La aleta caudal y las aletas pectorales son largas y delgadas. Una cresta ventral en forma de quilla se encuentra detrás del ano. Tiene 45-63 pares de dientes pequeños y cónicos en cada mandíbula.

Distribución: En los océanos Índico, Atlántico y Pacífico, en aguas tropicales, subtropicales y templadas; también en el mar Caribe y las costas centroamericanas. A menudo se encuentra cerca de las islas. Algunas poblaciones viven cerca de las costas, otras son exclusivamente pelágicas. En Costa Rica, en casi todo el mar patrimonial del Pacífico. Residente en aguas de América Central.

Hábitos: Vive en grupos de 30 a 1.000 individuos, pero son comunes los grupos de 200 o menos. Es una especie social y se ha observado en asociación con delfines manchados (*Stenella* spp.) y atunes aleta amarilla (*Thunnus albacares*). Existe una jerarquía de dominancia dentro los grupos, que implica amenazas y contacto físico. Esta jerarquía se mantiene en áreas cerradas (por ejemplo, golfos y ensenadas), pero desaparece en mar abierto. Es muy activo y veloz, puede nadar a unos 20 km/hr. Realiza saltos fuera del agua seguidos de dos o tres giros sobre su cuerpo antes de volver a caer de espaldas. Otra de sus maniobras es saltar fuera del agua curvando el cuerpo en piruetas graciosas. El salto giratorio es la "marca registrada" de esta especie, de ahí su nombre, aunque se desconoce su significado. Cuando se acerca a tierra chilla y grita, luego se calma y se mantiene quieto y pasivo en la costa. Suele descansar en aguas poco profundas, especialmente en ensenadas, y regresa al mismo lugar cada día. Se comunica con otros de su misma especie mediante la ecolocalización, el contacto físico y patrones aéreos de saltos.

LONG-SNOUTED SPINNER DOLPHIN, SPINNER DOLPHIN

Description: A small dolphin, reaching a length of 1.3-1.8 and weighing 55-75 kg, but the Costa Rican variety is larger and can measure up to 2.1 m and weigh 95 kg. The male is generally longer than the female. The body is slender and muscular, with three well-defined color patterns. The back is dark gray, the flanks light brown to cream and the belly is white. A dark black stripe extends from the flippers to the eye and a patch around the eyes extends to the snout. The beak is narrow and long, black on the upper part and white in the lower part. It has the longest beak of all the oceanic dolphins. The dorsal fin is triangular and completely gray. The fluke and the flippers are long and slender. A ventral crest shaped like a keel is found behind the anus. Has 45-63 pairs of small, conical teeth in each jaw.

Distribution: In the Indian, Atlantic and Pacific Oceans, in tropical, subtropical and temperate waters; also in the Caribbean and off the coasts of Central America. It is often found near islands. Some populations live near the coast, others are exclusively pelagic. In Costa Rica, in nearly all the territorial waters of the Pacific. Resident in waters of Central America.

Delfín girador, Delfín de hocico largo, Delfín tornillo
Long-snouted Spinner Dolphin, Spinner Dolphin

Alimentación: Su dieta consiste de peces pelágicos, calamares y camarones. La mayoría de sus presas son especies que migran verticalmente, es decir, de aguas profundas a la superficie y viceversa. Comparado con otros delfines, éste pasa más tiempo alimentándose de noche que de día.

Reproducción: El macho alcanza la madurez sexual entre 10-12 años de edad, la hembra entre 5,5-10 años. La hembra tiene múltiples estros al año, los apareamientos ocurren 1-2 veces al año. Pare una sola cría después de 10,5 meses de gestación y ésta se desteta a los siete meses de edad. Los partos se suceden 2-3 años después de cada nacimiento.

Habits: Lives in pods of 30 to 1,000 individuals, but groups of 200 or less are more common. It is a social species and has been observed in association with spotted dolphins (*Stenella* spp.) and yellow fin tuna (*Thunnus albacares*). There is a hierarchy of dominance within groups, determined by threats and physical contact. This hierarchy is maintained in closed areas (for example, gulfs and coves or small bays), but disappears in the open sea. This species is very active and fast, and can swim at around 20 km/hr. It leaps out of the water, then performs two or three turns on its body before falling backwards again. Another of its maneuvers is to leap out of the water curving its body in graceful pirouettes. The spinning leap is the "registered trademark" of this species, hence its name, although the meaning of this behavior is not known. When it approaches land it squawks and shrieks, then it calms down and remains quiet and passive inshore. Often rests in shallow waters, especially in coves or inlets, and returns to the same place every day. It communicates with others of its own species through echolocation, physical contact and patterns of aerial leaps.

Delfín girador, Delfín de hocico largo, Delfín tornillo
Long-snouted Spinner Dolphin, Spinner Dolphin

Estado: La mayor amenaza para este delfín es quedar atrapado en las redes utilizadas en la pesca del atún. En los últimos 20 años, el total de sus poblaciones en todos los mares se ha reducido cerca de un 80%, debido a las capturas accidentales. Otra grave amenaza es la destrucción de su hábitat debido al turismo. En muchos países, esta especie está protegida y se hacen esfuerzos para reducir las muertes causadas por la industria atunera. Está incluida en el Apéndice II de la CITES.

Notas: Se han registrado varamientos en masa. Algunos individuos se han podido mantener con éxito en cautiverio. Es una especie de mucho interés para la investigación científica, principalmente por su capacidad de aprendizaje. Su nombre proviene del latín *longus* = largo y *rostrum* = pico, hocico.

Dónde observar: En Costa Rica, en toda la costa pacífica, en la Isla del Coco y en los golfos Dulce, de Nicoya y de Papagayo.

- Sitios de registro de la especie
- *Sites where the species has been observed*

Feeding: Its diet consists of pelagic fish, squid and shrimp. Most prey are species that migrate vertically, that is to say, they move from deep waters to the surface and vice-versa. Compared with other dolphins, this one spends more time feeding at night than during the day.

Reproduction: Males reach sexual maturity between 10-12 years of age, females between 5.5-10 years. Females come on heat several times during the year. Mating occurs once or twice a year. Females give birth to a single calf after 10.5 months gestation and the offspring is weaned at seven months of age. Births occur at intervals of 2-3 years.

Status: The greatest threat to this dolphin is being trapped in tuna-fishing nets. In the past 20 years, the total population of this species in all the seas has been reduced by nearly 80%, due to accidental catches. Another serious threat is the destruction of its habitat by tourism. In many countries, this species is protected and efforts are being made to reduce the deaths caused by the tuna fishing industry. It is included in Appendix II of CITES.

Notes: Mass strandings have been reported. Some individuals have been successfully kept in captivity. This species of great interest to scientific researchers, mainly because of its learning ability. Its name comes from the Latin *longus* = long and *rostrum* = beak, snout.

Where to observe it: In Costa Rica, throughout the Pacific coast, around Isla del Coco, Golfo Dulce and the Gulfs of Nicoya and Papagayo.

Stenella clymene

DELFÍN DE YELMO, DELFÍN CLYMENE
SHORT-SNOUTED SPINNER, CLYMENE DOLPHIN

DESCRIPCIÓN: Es un delfín pequeño, que alcanza una longitud promedio de 1,8 m y un peso de 75-85 kg. Su cuerpo es delgado, parecido al del delfín girador (*S. longirostris*). El hocico es moderadamente corto y termina en una punta negra con labios oscuros. Las marcas faciales son distintivas e incluyen un anillo negro en los ojos y una línea oscura sobre el hocico, algunas veces marcando un bigote cerca de la cumbre del melón. Tiene una banda gris clara sobre la cabeza que va de la punta del hocico al espiráculo; todo el conjunto recuerda el yelmo de los guerreros medievales. El dorso es oscuro, con pequeñas manchas sobre los lados y ocasionalmente un "brochazo" amarillento en la espina dorsal. El vientre es blanco y los flancos gris claro. La aleta dorsal es gris y está bordeada de márgenes oscuros. Posee 38-49 pares de dientes delgados y puntiagudos en cada mandíbula.

SHORT-SNOUTED SPINNER, CLYMENE DOLPHIN

DESCRIPTION: A small dolphin, reaching an average length of 1.8 m and weighing 75-85 kg. Its body is slender, similar to the Spinner Dolphin (*S. longirostris*). The beak is moderately short and ends in a black point with dark lips. The facial markings are distinctive and include a black ring around the eyes and a dark line on the beak, sometimes shaped like a moustache near the top of the melon. Has a light gray band on the head that runs from the tip of the beak to the spiracle; the overall look is reminiscent of the helmets worn by medieval warriors. The back is dark, with small spots on the sides and occasionally a yellowish "blaze" along the backbone. The belly is white and the flanks light gray. The dorsal fin is gray with darker edges. It has 38-49 pairs of slender, pointed teeth on each jaw.

DISTRIBUTION: In tropical and subtropical waters of the Atlantic Ocean (from the east coast of North America to west Africa), the Caribbean, the Gulf of Mexico and to the south of Brazil. Occasionally strays into waters of temperate zones. Is apparently endemic in tropical and subtropical waters. In Costa Rica, along

Distribución: En aguas tropicales y subtropicales del Océano Atlántico (desde el este de Norteamérica hasta el oeste de África), el mar Caribe, el Golfo de México y al sur de Brasil. Ocasionalmente entra a aguas de zonas templadas. Aparentemente es endémica de las aguas tropicales y subtropicales. En Costa Rica, frente a las costas del Caribe. Residente ocasional en aguas de América Central.

Hábitos: Es una de las especies de delfines menos conocidas en el mundo, ya que se describió recién en 1981. Únicamente se ha observado en aguas profundas entre 250 y 5.000 m, por lo tanto no es usual verlo cerca de las costas. Viaja en grupos de 10 o más, cuyos miembros pueden estar segregados por sexo. A menudo nadan acompañados por grupos de delfines giradores (*S. longirostris*), delfines manchados (*Stenella* spp.) y delfines comunes (*D. delphis*). Nada a lo largo de las olas creadas por un bote o barco y se puede reconocer por su comportamiento giratorio. Puede saltar y girar, pero sus saltos y giros no son tan altos y complejos como los del delfín girador, aunque en el Golfo de México sí gira tanto como este último.

Alimentación: Se alimenta durante la noche en profundidades medias. Consume las mismas presas que el delfín girador, principalmente peces y calamares.

Reproducción: La hembra pare una cría después de 11 meses de gestación. Los partos se suceden cada dos años, a menudo a comienzos del verano de las zonas templadas, pero pueden ocurrir en cualquier época.

Estado: Esta especie es capturada ocasionalmente con arpones por pequeñas flotas pesqueras en las Antillas Menores y San Vicente. En Venezuela, es capturada con redes y se utiliza como carnada para tiburón y para el consumo humano. Suele ser atrapada en redes que se usan en la pesca del atún en el Atlántico oriental. Está incluida en el Apéndice II de la CITES.

Notas: Durante mucho tiempo se consideró que era una variedad geográfica del delfín girador (*S. longirostris*), por lo tanto es fácil confundirlo con éste. Se cree que esta especie evolucionó en el Océano Atlántico. Se han registrado varamientos en masa de hasta 50 individuos. El nombre *clymene* está relacionado con la mitología griega y alude a la hija de Tetis y Oceanus.

Dónde observar: En Costa Rica, frente a las costas de la provincia de Limón, especialmente Tortuguero, y al sur de la misma, entre Cahuita y Gandoca-Manzanillo.

---

the Caribbean coast. Occasional Resident in waters of Central America.

Habits: One of the least known dolphin species in the world, since it was only recently described in 1981. It has only been observed in deep waters between 250 and 5,000 m, and therefore it is not usual to see it near the coast. These dolphins travel in pods of 10 or more individuals, sometimes segregated by sex. They often swim accompanied by groups of Spinner Dolphins (*S. longirostris*), Spotted Dolphins (*Stenella* spp.) and common dolphins (*D. delphis*). This species swims along the waves created by boats or ships and can be recognized by its spinning behavior. It can leap and spin, though its leaps and turns are not as high or as complex as those of the Spinner Dolphin. However, in the Gulf of Mexico it does spin as much as the latter.

Feeding: It feeds at night in moderately deep waters. It eats the same prey as the Spinner Dolphin, mostly fish and squid.

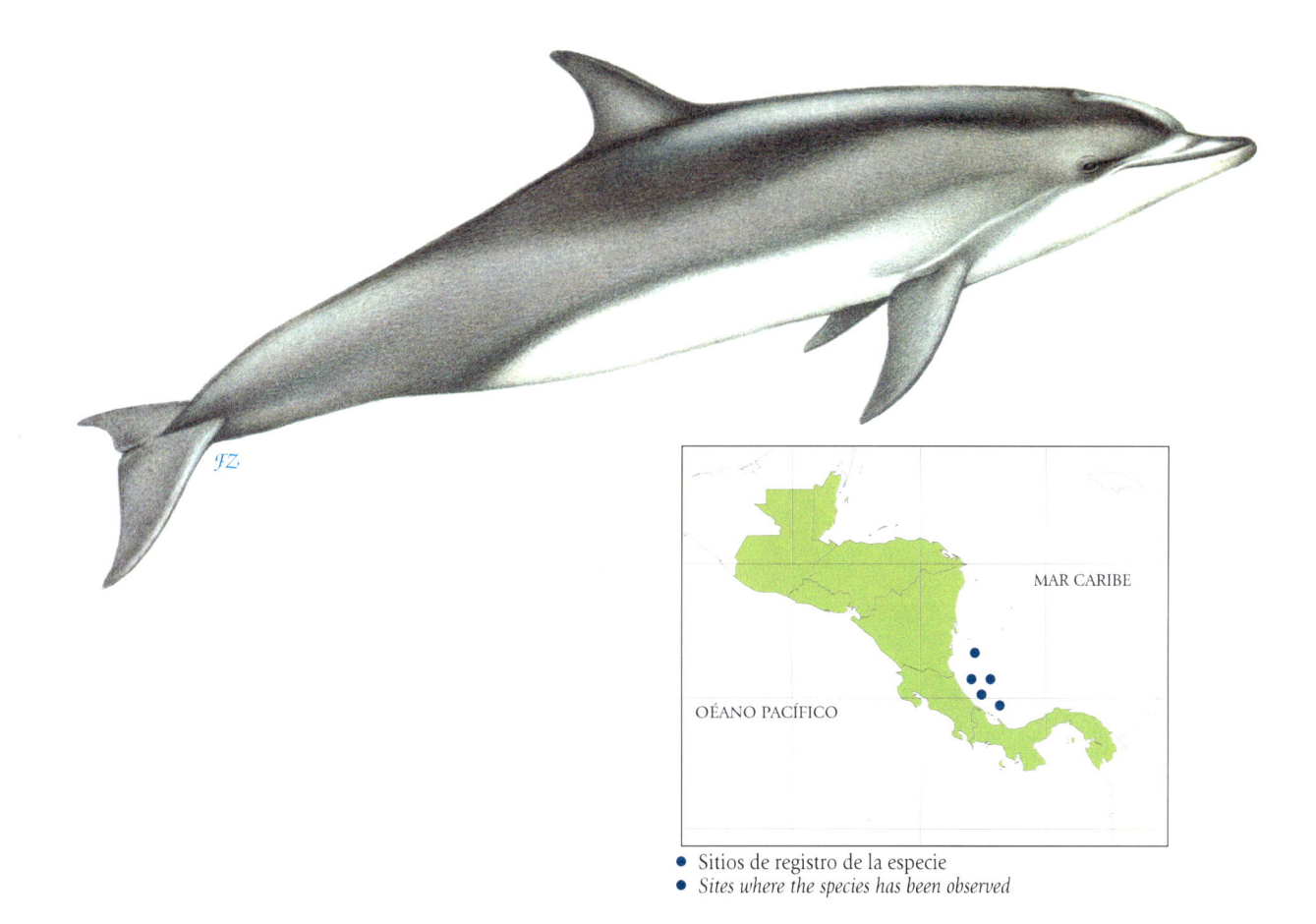

Delfín de yelmo, Delfín Clymene
Short-snouted Spinner, Clymene Dolphin

MAR CARIBE

OCÉANO PACÍFICO

- Sitios de registro de la especie
- *Sites where the species has been observed*

Reproduction: The female gives birth to one calf after 11 months gestation. Births occur every two years, often at the start of summer in the temperate regions, but may occur at any time of the year.

Status: This species is occasionally hunted with harpoons by small fishing fleets in the Lesser Antilles and St. Vincent. In Venezuela, it is caught in nets and is used as shark bait and for human consumption. Tends to be trapped in tuna fishing nets in the eastern Atlantic. It is included in Appendix II of CITES.

Notes: For a long time it was considered to be a geographic variation of the Spinner Dolphin (*S. longirostris*), and therefore is easily confused with it. This species is believed to have evolved in the Atlantic Ocean. Mass strandings of up to 50 individuals have been recorded. The name *clymene* comes from Greek mythology and alludes to the daughter of Tetis and Oceanus.

Where to observe it: In Costa Rica, off the coasts of Limon province, especially Tortuguero, and south of this area, between Cahuita and Gandoca-Manzanillo.

ANNEX I
GUIDELINES AND RECOMMENDATIONS FOR OBSERVING CETACEANS

WHAT TO DO:

1. Approach animals from the sides and from behind.
2. Keep your boat or vessel on a fixed course.
3. Maintain the boat at a constant speed.
4. Always keep the boat at the speed of the slowest animal.

WHAT NOT TO DO:

1. Interrupt the animals' movement.
2. Pursue them or surround them.
3. Put the motor into reverse.
4. Continuously turn the motor on and off.
5. Disturb or interfere with groups of cetaceans while they are feeding or mating.

It is important to follow these recommendations, since these measures ensure the animals' well-being, protect it as a resource, discourage irresponsible tourism operators, regulate the use of boats and instill confidence in tourists. Existing laws in one country cannot necessarily be applied in another. In general, regulations or laws should contemplate the above-mentioned considerations, and should be clearly established before embarking on whale and dolphin watching activities.

ANEXO I
Pautas y recomendaciones para la observación de cetáceos

Qué se debe hacer:

1. Aproximarse a los animales por los costados y desde atrás.
2. Mantener fijo el rumbo de la embarcación.
3. Mantener la velocidad constante del bote.
4. Manejar siempre a la velocidad del animal más lento.

Qué no se debe hacer:

1. Interrumpirle el paso a los animales.
2. Perseguirlos o rodearlos.
3. Colocar el motor en reversa.
4. Apagar y encender el motor continuamente.
5. Molestar o intervenir en grupos de cetáceos mientras se alimentan o aparean.

Es importante seguir estas recomendaciones, ya que brindan bienestar a los animales, protegen el recurso que representan, desaniman a los operadores de turismo irresponsables, regulan el manejo de las embarcaciones y dan confianza a los turistas. Las leyes vigentes en un país no necesariamente se pueden aplicar en otros. En general, las normas o legislaciones deben contemplar las consideraciones antes mencionadas, las cuales deben quedar claramente establecidas antes de iniciarse la observación de cetáceos.

ANNEX II
BASIC STEPS TO FOLLOW WHEN IDENTIFYING CETACEANS IN THE SEA

To make a positive identification of the species under observation involves a process of gradual elimination of information. A single known fact is not sufficient to classify a species. Below we list the 12 basic steps to follow to identify cetaceans in the sea. To better understand this procedure, we are going to assume that we have sighted a Tucuxi (*Sotalia fluviatilis*), a dolphin that visits the coasts and coves of the Gandoca-Manzanillo Wildlife Refuge, on Costa Rica's southern Caribbean coast.

1. Size
This first step enables us to eliminate species that are not of a similar size to the one we are observing. In the case of the Tucuxi, we can rule out all those longer than 3 m. This reduces the number of species to be classified and leaves only porpoises and small dolphins. Since there are no porpoises in Central America, it can only be a dolphin.

2. Unusual characteristics
In this step we might consider unusual features belonging to a particular species, such as the narwhal's tusk or horn, the callosities of the Northern Right Whale, the serrated fins of the Humpback Whale and the dorsal fin of the male Killer Whale, among others. In the case of the Tucuxi, the unusual characteristic is the triangular shape of the dorsal fin.

3. Position, shape and color of the dorsal fin
In the Tucuxi, the dorsal fin is situated at the midpoint of the back. It has a triangular shape, curves slightly backwards and is a blue-gray color.

4. Shape of the head and the body
This aspect is essential because it allows us to rule out many species. The Tucuxi has a slightly rounded melon on the head, the beak is large and the body robust.

5. Color and markings
Animals with black pigmentation can be ruled out in our analysis, as the Tucuxi's back and a large part of its flanks are a blue-gray or gray brown color; the ventral areas are bluish gray, white or pink. The upper maxillary is gray, black or gray brown, the jaw is white, pink or pale gray. A dark line extends from the eye to the flippers, which are the same color as the back.

6. Characteristic blows or spouts
This trait only applies to large species of cetaceans, for example, the "V-shaped" (inverted cone) blow of the Balaenidae family, the leftward blow of the Sperm Whales (Physeteridae and Kogiidae) and the great height of the Blue Whale's spout. In the case of the Tucuxi, its spout is not particularly remarkable and cannot be distinguished at a distance.

ANEXO II
PASOS BÁSICOS QUE SE DEBEN SEGUIR PARA IDENTIFICAR CETÁCEOS EN EL MAR

Para hacer una identificación positiva de la especie que se está observando, el proceso requiere ir eliminando información. Un solo dato conocido no es suficiente para clasificar una especie. A continuación se detallan 12 pasos básicos que se deben seguir para identificar cetáceos en el mar. Para entender mejor este procedimiento, vamos a suponer que estamos avistando un tucuxi (Sotalia fluviatilis), un delfín que visita las costas y ensenadas del Refugio de Vida Silvestre Gandoca-Manzanillo, en el Caribe Sur de Costa Rica.

1. Tamaño
Este primer paso permite descartar las especies que no tienen dimensiones similares a la que estamos observando. Para el caso del tucuxi, descartamos todas las que superen los 3 m de longitud. Así se reduce el número de especies por clasificar y quedan sólo las marsopas y los delfines pequeños. Como en América Central no hay marsopas, sólo puede tratarse de un delfín.

2. Características inusuales
En este aspecto se podrían tomar en cuenta rasgos poco usuales para una determinada especie, como el colmillo del narval, las callosidades de la ballena franca, las aletas aserradas de la ballena jorobada y la aleta dorsal del macho de las orcas, entre otros. En el caso del tucuxi, esa característica es la forma triangular de la aleta dorsal.

3. Posición, forma y color de la aleta dorsal
En el tucuxi, la aleta dorsal está situada en la parte media del dorso, tiene una forma triangular ligeramente curvada hacia atrás y es de color gris azulado.

4. Forma de la cabeza y el cuerpo
Este aspecto es esencial, ya que permite descartar muchas especies. El tucuxi tiene sobre la cabeza un melón ligeramente redondeado, el hocico es grande y el cuerpo robusto.

5. Color y marcas
Los animales con pigmentación negra quedan descartados en nuestro análisis, ya que el tucuxi tiene una coloración gris azulado o gris marrón sobre el dorso y gran parte de los costados; las áreas ventrales son gris azulado, blancas o rosadas. El maxilar superior es gris, negro o gris marrón, la mandíbula es blanca, rosada o gris pálido. Una línea oscura se extiende entre el ojo y las aletas pectorales, que son del mismo color que el dorso.

6. Soplidos característicos
Este rasgo sólo se aplica a las grandes especies de cetáceos, por ejemplo, la forma en "V" (cono invertido) del soplido de la familia Balaenidae, el soplido inclinado hacia la izquierda de los cachalotes (Physeteridae y Kogiidae) y la altura del soplido de la ballena azul. En el caso del tucuxi, el soplido es poco notorio y no se distingue a la distancia.

7. Shape of the flukes, the flippers and unique markings

The triangular-shaped flukes of the Northern Right Whale, the convex flukes of the Narwhal, the absence of the median notch in the flukes of Beaked Whales, etc., are some of the characteristics that should be considered for identification purposes. In the case of the Tucuxi, the flippers are broad in comparison with other dolphins, the dorsal fin is low (less than 13 cm high), triangular in shape and is slightly curved at the tip.

8. Behavior on the surface and diving patterns

In this aspect we may consider, for example, the prolonged dives of the Sperm Whale and the Beaked Whales. In the case of the Tucuxi, its dives last less than one minute, it swims slowly, following boats and surfing in their wake. When in a group, Tucuxis swim in a synchronized manner.

9. Leaps and other behaviors

In this regard we may consider the grand displays of the Northern Right Whale and the Humpback Whale, for example, the spectacular leaps of the dolphins, the "spy-hopping" of the Gray Whales and the Killer Whales and the inverted swim of the Rio de la Plata dolphin and the Amazon dolphin. The Tucuxi rolls along the surface, leaps out of the water and then falls on its back (breaching); its leaps are vertical or lateral and occasionally it performs "mortal leaps" (forward rolls).

10. Number of animals observed

Some species tend to travel in large groups, including the common dolphin (groups of more than 100 individuals), dolphins of the genus *Stenella*, Belugas and resident Killer Whales. Other species are solitary or form small pods of fewer than five individuals, such as the Beaked Whale and transient killer whales. The Tucuxi generally travels in pods of 2-7 individuals, though as many as 25 may gather together.

11. Habitat

Cetaceans can live in coastal, riverine, oceanic, estuarine, deep water or shallow water habitats. The Tucuxi of Costa Rica is mainly a coastal species, and therefore we can rule out the oceanic Tucuxis, though these sometimes enter the estuaries.

12. Geographic location

If we know the distribution of the specimens under observation, we can eliminate many species. The Tucuxi is distributed from Florianopolis in Brazil to Nicaragua, including the Amazon and Orinoco rivers.

7. Forma de la aleta caudal, las aletas pectorales y marcas particulares

La forma triangular de la aleta caudal de las ballenas francas, la forma convexa de la aleta caudal de los narvales, la ausencia de la hendidura caudal en los ballenatos picudos, etc., son algunas de las características que se deben determinar en una identificación. En el caso del tucuxi, las aletas pectorales son anchas en comparación con otros delfines, la aleta dorsal es baja (menos de 13 cm de altura), tiene forma triangular y está ligeramente curvada en la punta.

8. Comportamiento en la superficie y patrones de buceo

En este aspecto podemos tomar en cuenta, por ejemplo, las prolongadas inmersiones del cachalote y el ballenato picudo. En el caso del tucuxi, las inmersiones duran menos de un minuto, nada lentamente y sigue a los botes nadando sobre las olas que éstos van formando. Cuando están en grupo, los tucuxis nadan de manera sincronizada.

9. Saltos y otros comportamientos

En este punto tenemos, por ejemplo, los grandes despliegues de la ballena franca y la ballena jorobada, los espectaculares saltos de los delfines, el "espionaje" en las ballenas grises y las orcas y el nado invertido del delfín del río de La Plata y el delfín del Amazonas. El tucuxi rueda sobre la superficie, realiza saltos fuera del agua y cae sobre sus espaldas; sus saltos son verticales o laterales y en ocasiones hace "saltos mortales" ("vueltas de carnera").

10. Número de animales observados

Algunas especies suelen desplazarse en grandes concentraciones, como el delfín común (grupos de más de 100 individuos), los delfines del género Stenella, las belugas y las orcas residentes. Otras especies son solitarias o forman agrupaciones de menos de cinco individuos, como el ballenato picudo y las orcas transeúntes. El tucuxi generalmente se desplaza en grupos de 2-7 individuos, aunque puede haber hasta 25.

11. Hábitat

Los cetáceos pueden vivir en hábitat costeros, ribereños, oceánicos, estuarinos, de aguas profundas o someras. El tucuxi de Costa Rica es principalmente una especie costera, ante lo cual descartamos los tucuxis oceánicos, aunque éstos a veces entran a los esteros.

12. Ubicación geográfica

Si se conoce la distribución de los ejemplares observados, se pueden eliminar muchas especies. El tucuxi se distribuye desde Florianópolis en Brasil hasta Nicaragua, incluyendo los ríos Amazonas y Orinoco.

GLOSSARY

Adaptation: Process by which a living being adapts to the environment in which it lives.

Ancestral: A pre-existing characteristic or condition. Also means a primitive.

Anterior: Situated at or near the head

Archeocetes: An ancient group of whales.

Baleen/baleen plates: Comb-like plates made from keratin, the same substance as human nails, which hang from the palate of mysticeti whales. Also known as plates or whalebone.

Blowhole: Nasal or breathing orifices, located on the upper part of the head of the cetaceans. Also called spiracles.

Bow-riding: Riding on the pressure wave in front of a ship or a large whale.

Breaching: Term used when cetacean leap clear cut of the water.

Calf: The young of a whale; also the name used to designate some species of cetaceans of the genera *Ziphius* and *Mesoplodon*.

Callosities: Patches of hard, thick skin that some whales have on their bodies.

Cenozoic: Geological period that ended 65 million years ago and marked the diversification of mammals.

Cephalopod: Mollusk that lives in the sea, the head is surrounded by tentacles with suckers and generally lack an outer shell, for example, octopuses, squid and sepias.

Cetaceans: Group of marine mammals that includes whales, dolphins and porpoises.

Cirripeds: Marine crustaceans, e.g. percebes, that lead a sessile and parasitic life. They attach themselves to rocks and living organisms such as fish and cetaceans.

Clicks: Sounds of short duration emitted by dolphins with their mouths.

Cosmopolitan: Refers to a species that is distributed around the world.

Courtship: Reproductive behavior, mainly of the males, involving displays or exhibitions prior to mating.

DNA: Acronym of deoxyribonucleic acid. Molecular structure that forms part of a chromosome, carrier of the genetic code of plants and animals.

Dorsal: Pertaining to the back or upper surface of the body.

Dorsal fin: Structure situated on the back of most cetaceans.

Dorsal ridge: A hump or ridge which takes the place of a dorsal fin on some cetaceans.

Dugong: Marine mammal similar to a manatee, that is found off the coasts of Australia.

Echolocation: High frequency sounds emitted by certain animals. Echolocation involves the emission of sound by animals and its reception by reflected echoes. Used by bats, cetaceans to navigate, find prey and communicate with each other.

Ecotourism: Tourism that focuses on the enjoyment of biodiversity without harming it or changing it.

Endemic: Species that s only found in a particular geographic region.

GLOSARIO

Adaptación: Proceso por el cual un ser vivo se acomoda al medio en que vive.

ADN: Siglas del ácido desoxirribonucleico. Estructura molecular que forma parte del cromosoma, portador de la información genética de las plantas y los animales.

Aleta caudal: Parte final de cola de los cetáceos y sirenios, horizontalmente aplanada.

Aleta dorsal: Estructura sit1uada sobre la espalda de la mayoría de los cetáceos.

Aletas pectorales: Estructuras en forma de remos situadas en el pecho. Son análogas a los miembros superiores o anteriores de los mamíferos terrestres.

Ancestral: Una característica o condición preexistente. También se refiere a primitivo.

Anquilosamiento: Fusión de estructuras óseas.

Arqueocetos: Un grupo antiguo de ballenas.

Ballenato: La cría de una ballena; también es el nombre que se usa para designar algunas especies de cetáceos de los géneros Ziphius y Mesoplodon.

Barbas: Placas de tejido igual al de las uñas que están suspendidas del paladar de las ballenas misticetos. También se conocen como placas o hueso de ballena.

Calderón: Nombre común de algunas especies de cetáceos de los géneros Globicephala, Grampus y Orcaella.

Callosidades: Parches de piel dura y gruesa que tienen algunas ballenas en su cuerpo.

Cardumen: Estructura social de grupos que se ha observado en los odontocetos y peces, caracterizada por asociaciones de decenas o cientos de individuos.

Cefalópodo: Molusco que vive en aguas marinas, tiene la cabeza rodeada de tentáculos con ventosas y generalmente carece de concha exterior, por ejemplo, pulpos, calamares y sepias.

Células epiteliales: Células que recubren la piel y cavidades naturales como boca, ano y fosas nasales.

Cenozoico: Era geológica que terminó hace 65 millones de años y marcó la diversificación de los mamíferos.

Cetáceos: Grupo de mamíferos marinos que incluye a las ballenas, los delfines y las marsopas.

Chasquido: Sonido amplio de corta duración que realizan los delfines con su boca.

Chorro: Aire exhalado mezclado con agua y aceite emitido por las ballenas por las narinas u orificios de respiración. Soplido.

Cirripedios: Crustáceos marinos inferiores, como los percebes, que llevan una vida sésil y parásita. Se adhieren a rocas y organismos vivos como peces y cetáceos.

Competencia de esperma: Estrategia de apareamiento, en la cual el macho copula intentando desplazar o diluir el esperma de otros machos, en un intento por aumentar la probabilidad de fertilizar a la hembra.

Cortejo: Comportamiento reproductivo, principalmente de los machos, que implica despliegues o exhibiciones previos al apareamiento.

Eocene: Geological period that began approximately 55 million years ago, making the first records of cetaceans and sirenians.

Epidermis: Epithelial tissue that forms part of the skin, responsible for its relative impermeability.

Epithelial cells: Cells covering the skin and natural cavities such as the mouth, anus and nostrils.

Falcate: Curved and tapering; shaped like a sickle or scythe.

Flippers: Oar-like structures located on the chest. Analogous to the upper or forelimbs of terrestrial mammals.

Flukes: Horizontally flattened final part of the tail of cetaceans and sirenians.

Geomagnetism: Property of the Earth to generate magnetic fields.

Gregarious: Animals that live in groups permanently.

Harem: Group of females defended by a male with whom they generally mate.

Herd: A coordinate group of cetaceans or animals in general.

Hybrid: The offspring of two different species, nearly always sterile.

Invaginate: Retraction of a membrane or organ towards the interior of the body.

Keel: A distinctive bulge on the tail stock near the flukes; it can be present on either the upperside, underside or both.

Krill: Small shrimp-like crustaceans. A major food resource in the diet of baleen whales and of some pinnipeds (such as seals, sea-lions and walruses).

Lobtailing: The forceful slapping of the flukes against the water, while most of cetacean remains below the surface.

Logging: Lying still at or near the surface.

Melon: The bulging forehead of many toothed cetaceans, believed to focus sounds for echolocation.

Migration: Regular journeys between one region and another, usually associated with reproductive or feeding cycles and with seasonal or climatic changes.

Miocene: Geological period that began approximately 23 million years ago and ended five million years ago.

Morphotype: Group of species that have similar external features or characteristics.

Oligocene: Geological time period that began approximately 35 million years ago and ended 23 million years ago.

Pantropical: Occurring in all the world's tropical regions.

Parasites: Organisms that derive benefit from others by harming them.

Pectoral fins: flippers

Pelagic: Aquatic species that lives in the open sea far away from the land.

Phytoplankton: Microscopic algae that float near the surface and form the base of the food chain of the seas.

Pilot whale: Common name for some species of cetaceans of the genera *Globicephala*, *Grampus* and *Orcaella*.

Pleistocene: Geological period that began approximately 1.6 million years ago.

Pliocene: Geological period that began approximately five million years ago and ended 1.6 million years ago.

Polygamy: Mating strategy in which some males establish hierarchies amongst themselves that give them priority to mate with the females; this implies that they can mate with more than one.

Pod: Social unit of certain cetaceans (term is most often used when referring to large, toothed whales).

Cosmopolita: Se refiere a una especie que se distribuye alrededor del mundo.

Dimorfismo sexual: Rasgos externos que diferencian a los machos y las hembras de una misma especie.

Dugong: Mamífero marino semejante a un manatí, que se encuentra en las costas de Australia.

Ecolocalización: Sonidos de alta frecuencia emitidos por algunos animales. Un animal emite un sonido y éste rebota al chocar con el objeto y es recibido de vuelta por el mismo animal, que así logra ubicar el objeto. Lo utilizan los murciélagos, las ballenas y los delfines para navegar, encontrar presas y comunicarse entre sí.

Ecoturismo: Actividad cuyo fin es disfrutar de la biodiversidad sin dañarla ni alterarla.

Endémica: Especie que sólo se encuentra en una región geográfica particular.

Eoceno: Época del tiempo geológico que comenzó aproximadamente hace 55 millones de años y marcó los primeros registros de cetáceos y sirenas.

Epidermis: Tejido epitelial que forma parte de la piel, responsable de su relativa impermeabilidad.

Espermaceti: Fluido grasoso que llena el órgano espermaceti de los cachalotes.

Estro: Período del celo en las hembras de los mamíferos.

Falciforme: En forma de hoz.

Fitoplancton: Algas microscópicas que flotan cerca de la superficie y forman la base de la cadena alimentaria de los mares.

Geomagnetismo: Propiedad de la Tierra de generar campos magnéticos.

Gregarios: Animales que viven en grupos de forma permanente.

Harén: Grupo de hembras defendidas por un macho con el cual generalmente se aparean.

Híbrido: La cría de dos especies diferentes, casi siempre estéril.

Invaginado: Repliegue local de una membrana u órgano hacia el interior del cuerpo.

Krill: Crustáceo pequeño parecido a un camarón. Es un recurso importante en la dieta de las ballenas de barbas y de algunos pinnípedos (como focas, leones marinos y morsas).

Melón: Estructura llena de grasa situada en la frente de los cetáceos, donde se cree que se concentran los sonidos durante la ecolocalización.

Migración: Viajes regulares entre una región y otra, usualmente asociados a los ciclos de reproductivos o de alimentación y a cambios estacionales o climáticos.

Mioceno: Época del tiempo geológico que comenzó hace aproximadamente 23 millones de años y finalizó hace cinco millones de años.

Monoestros: Se refiere a las hembras que tienen sólo un estro al año.

Morfotipo: Grupo de especies que poseen rasgos externos parecidos.

Morro: Hocico.

Narinas: Orificios nasales o de respiración, ubicados en la parte superior de la cabeza de los cetáceos. También se denominan espiráculos.

Oligoceno: Época del tiempo geológico que comenzó hace aproximadamente 35 millones de años y finalizó hace 23 millones de años.

Population: Group of organisms of the same species that occupy a specific geographic region.

Posterior: Situated at or near the tail.

Resident: A population of animals that stays in a particular area all year round.

Rorqual: Common name given to baleen whales of the family Balaenoptera.

Rostrum: Anterior part of the skull or region of the snout, elongated in the majority of the cetaceans. Synonym of face.

Sexual dimorphism: External features that differentiate the males and females of the same species.

Shoal: Social structure of groups observed in the odontocetes and fish, characterized by associations of dozens or hundreds of individuals.

Sirenia: Order of herbivorous marine mammals; includes manatees.

Spermaceti: Oily fluid that fills the spermaceti organ of Sperm Whales.

Spermaceti organ: Elongated sack of connective tissue containing the spermaceti on top of the head of the Sperm Whales.

Sperm competition: Mating strategy in which the copulating male tries to displace or dilute the sperm of other males, in an attempt to increase the probability of fertilizing the female.

Spy-hopping: When a whale sticks its head straight up out of the water.

Spout: Exhaled air mixed with water and oil expelled by whales from the blowhole. Blow.

Stranding: When whales get "stranded" or stuck on a beach. Most stranded cetaceans are already dead or very ill; however, some cetaceans are alive and seemingly healthy.

Territory: The area where an animal lives permanently and which it defends against intruders of the same and of other species.

Transient: Members of populations of animals that remain in a particular geographic area for a certain time, to then head to another place.

Ventral grooves: Lines found along the throat and the belly of the balaenopterids; they open like pleats during feeding to expand the cavity of the mouth.

Vibrissae: Tactile organs of mammals. Filaments similar to hairs found on the chins of whales.

Wake-riding: Swimming in the frothy wake of a vessel.

Whaling: The intentional hunting and killing of whales for meat, oil and other products.

Órgano espermaceti: Saco alargado de tejido conectivo que contiene el espermaceti y está al frente de la cabeza de los cachalotes.

Pantropical: En todos los trópicos del mundo.

Parásitos: Organismos que se benefician de otros, causándoles daño.

Pelágica: Especie acuática que vive en aguas de mar abierto lejos de la tierra.

Pleistoceno: Época del tiempo geológico que comenzó aproximadamente hace 1.6 millones de años.

Plioceno: Época del tiempo geológico que comenzó aproximadamente hace cinco millones de años y finalizó hace 1.6 millones de años.

Población: Grupo de organismos de la misma especie que ocupan una región geográfica específica.

Poliestro: Se refiere a las hembras que tienen más de un ciclo de estro al año.

Poligamia: Estrategia de apareamiento en la cual algunos machos establecen jerarquías entre sí que les confieren prioridad para aparearse con las hembras; eso implica que pueden aparearse con más de una.

Residente: Una población de animales que se mantiene siempre en una determinada región.

Rorcual: Nombre común que se le da a las ballenas de la familia Balaenopteridae.

Rostrum: Parte anterior del cráneo o región del hocico, alargada en la mayoría de los cetáceos. Sinónimo de cara.

Sirenia: Orden de mamíferos marinos herbívoros; incluye a los manatíes.

Surcos ventrales: Líneas que se encuentran a lo largo de la garganta y el vientre de los balaenópteridos y se abren como pliegues durante la alimentación para expandir la cavidad de la boca.

Territorio: El área donde vive un animal de manera permanente y la cual defiende contra intrusos de la misma y de otras especies.

Transeúnte: Miembros de poblaciones de animales que se mantienen en una determinada área geográfica por cierto tiempo, para luego dirigirse a otro lugar.

Vibrisas: Órganos táctiles de los mamíferos. Filamentos a manera de pelos que se encuentran en las barbas de las ballenas.

BIBLIOGRAFÍA / BIBLIOGRAPHY

Allen, T. (ed.). 1979. Wild Animals of North America. Washington, D.C., National Geographic Society, 327 p.

Alpers, A. 1961. Dolphins: The Myth and the Mammal. Boston, Houghton Mifflin Co., 175 p.

Archer, F.I.; Perrin, W.F. 1999. Stenella coeruleoalba. Mammalian Species 603: 1-9.

Baillie, J.; Groombridge, B. (eds.) 1996. IUCN Red List of Threatened Animals. The IUCN Species Survival Comission, 87 p.

Baird, R.W.; Stacey, P.J.; Whitehead, H. 1993. Status of the Striped Dolphin, Stenella coeruleoalba, in Canada. Canadian Field-Naturalist 107(4): 455-465.

Baker, A. 1983. Whales and Dolphins of New Zealand and Australia. Victoria, Aust., Victoria University Press, 182 p.

Baker, M.L. 1987. Whales, Dolphins, and Porpoises of the World. New York, Doubleday & Co., Inc., 421 p.

Balcomb, K.C. 1987. The Whales of Hawaii. San Francisco, CA., Marine Mammal Fund, 225 p.

Beckmen, K. 1986. Gross and Microscopic Anatomy of the Female Reproductive Tracts of the Dwarf and Pygmy Sperm Whales. Tesis de Maestría. University of Miami, 115 p.

Bernard, H.J.; Hohn, A.A. 1989. Differences in Feeding Habits Between Pregnant and Lactating Spotted Dolphins (Stenella attenuata). Journal of Mammology 70(1): 211-15

Berta, A.; Sumich, J.L. 1999. Marine Mammals: evolutionary biology. San Diego, CA., Academic Press, 492 p.

Bryden, M.; Harrison, R. 1986. Research on Dolphins. New York, Oxford University Press, 272 p.

Caldwell, D.; Caldwell, M.; Walker, C:M. 1970. Mass and individual strandings of false killer whales, Pseudorca crassidens, in Florida. Journal of Mammology 51: 634-636.

Calzada, N.; Aguilar, A.; Lockyer, C.; Grau, E. 1997. Patterns of growth and physical maturity in the western Mediterranean striped dolphins Stenella coeruleoalba. Canadian Journal of Zoology 75(4): 632-637.

Carvan III, M.J. 1988. The Descriptive Anatomy of Sound Production and Propagation Tissues in Kogia spp. Using Magnetic Resonance and Computer Tomography Imaging. Tesis de Maestría. University of Miami, 93 p.

Chivers, S.J.; Myrick Jr., A.C. 1993. Comparison of Age at Sexual Maturity and Other Reproductive Parameters for Two Stocks of Spotted Dolphin, Stenella attenuata. Fishery Bulletin 91: 611-18.

Cousteau, J. 1988. Whales. New York, Harry N. Abrams, Inc., 301 p.

Credle, V.R. 1988. Magnetite and Magnetoreception in Stranded Dwarf and Pygmy Sperm Whales. Tesis de Maestría. University of Miami, 89 p.

Cubero, P.; Rodríguez, J. 2003. Encallamientos, contaminación y observación de cetáceos en Costa Rica. Ambientales 24: 44-50.

Da Silva, V.; Best, R.C. 1996. Sotalia fluviatilis. Mammalian Species 527: 1-7.

Dawbin, W.A.; Noble, B.A.; Fraser, F.C. 1970. Observations on the Electra Dolphin, Peponocephala electra. Bulletin of the British Museum of Natural History 20(6): 175-201.

Doak, W. 1982. Dolphin. New York, Sheridan House, 136 p.

Edwards, E.F. 1989 Allometry of Energetics Parameters in Spotted Dolphin (Stenella attenuata) from the Eastern Tropical Pacific Ocean. Fishery Bulletin 91: 428-39.

Eisenberg, J.F. 1989. Mammals of the Neotropics, Vol. 1. Chicago, The University of Chicago Press, 449 p.

Ettlin, D.M. 1994. Whale's Stomach Tells Tale of Pollution. Baltimore, US., The Sun.

Filella, S.; Casinos, A. 1997. Los cetáceos. Madrid, Ediciones Penthalon, 151 p.

Gaskin, D.E. 1982. The ecology of whales and dolphins. London, Heinemann, 459 p.

Gewalt, W. 1990. Killer Whales and Pilot Whales. In: Parker, S.P. (ed.). Grzimek's Encyclopedia of Mammals, Vol. 4. New York, McGraw-Hill Publishing Company, p. 387-397.

Hansen, L.; Higgins, L.; Jefferson, T.; Mullin, K. 1994. Sightings of the Clymene Dolphin (Stenella clymene) in the Gulf Of Mexico. Marine Mammal Science 10(4): 464-470.

Harrison, R.; Brayden, M.M. 1988. Whales, Dolphins and Porpoises. New York, Intercontinental Publishing Corporation, 337 p.

Heyning, J. 1994. Whales, Dolphins, Porpoises: Masters of the Ocean Realm. Seattle, WA., University of Washington Press, 307 p.

Heyning, J.; Dalhlheim, M. 1988. Orcinus orca. Mammalian Species 304: 1-9.

Jefferson, T.; Leatherwood, S.; Webber, M. 1993. Marine Mammals of the World. Roma, FAO/UNEP, 163 p.

Klinowska, M. 1991. Cetacean live stranding dates relate to geomagnetic disturbances. Aquat. Mamm. 11: 109-119.

Klinowska, M. 1991. Dolphins, Porpoises, and Whales of the World: The IUCN Red Data Book. Reino Unido, International Union for Conservation of Nature and Natural Resources, 379 p.

Kruse, S.; Caldwell, D.K.; Caldwell, M.C. 1999. Risso's Dolphin. In: Ridgway, S.; Harrison, R. (eds.). Handbook of Marine Mammals, Vol. 6. London, Academic Press, p. 183-212.

Leatherwood, S.; Reeves, R.R. 1983. The Sierra Club Handbook of Whales and Dolphins. San Francisco, CA., Sierra Club Books, 302 p.

Lowery Jr., G.H. 1974. The Mammals of Louisiana and its Adjacent Waters. US., Louisiana State University Press, 563 p.

McIntyre, J. 1974. Mind in the Waters. New York, Charles Scribner's Sons, 138 p.

Minasian, S.; Balcomb, K.; Foster, L. 1984. The World's Whales: The Complete Illustrated Guide. Washington, D.C., Smithsonian Books, 358 p.

Minasian, S.M.; Balcomb, K.C.; Foster, L. 1987. The whales of Hawaii. San Francisco, CA., Marine Mammal Fund, 58 p.

Mora, J.M. 2000. Mamíferos silvestres de Costa Rica. San José, Editorial UNED, 240 p.

Nagorsen, D. 1985. Kogia simus. Mammalian Species 239: 1-4.

National Aquarium in Baltimore. 1995. Pygmy Sperm Whale Fact Sheet. Baltimore National Aquarium.

Nishiwaki, M. 1972. General Biology. In: Ridgway, S. (ed.). Mammals of the Sea: Biology and Medicine. Springfield, IL., Thomas Books, p. 3-204.

Nishiwaki, M. 1975. Ecological aspects of smaller cetaceans with emphasis on the striped dolphin (Stenella coeruleoalba). J. Fish. Res. Bd. Can. 32: 1069-1072.

Norris, K.S. 1991. Dolphin Days: The Life and Times of the Spinner Dolphin. New York, W.W. Norton & Company, 157 p.

Norris, K.S.; Wursig, B.; Wells, R.S.; Wursig, M. 1994. The Hawaiian Spinner Dolphin. Berkeley, University of California Press, 408 p.

Nowak, R.M. 1991. Walker's Mammals of the world, Vol. II, 5 ed. Baltimore, John Hopkins University Press, 1.629 p.

Perrin, W.F.; Schnell, G.D.; Hough, D.J.; Gilpatrick Jr., J.W.; Kashiwada, J.V. 1994. Reexamination of Geographic Variation in Cranial Morphology of the Pantropical Spotted Dolphin, Stenella attenuata, in the Eastern Pacific. Fishery Bulletin 92: 324-46.

Ponganis, P.; Kooyman, G. 1995. Multiple Sightings of Arnoux's Beaked Whales Along the Victoria Land Coast. Marine Mammal Science 11(2): 247-250.

Redford, K.H.; Eisenberg, J.F. 1992. Mammals of the Neotropics. Vol. 2. Chicago, The University of Chicago Press, 430 p.

Ridgway, S.; Harrison, R. 1994. Handbook of Marine Mammals. San Diego, CA., Academic Press Inc., 304 p.

Robineau, D.; Vely, M.; Maigret, J. 1994. Stenella clymene (Cetacea, Delphinidae) from The Coast Of West Africa. Journal of Mammalogy 75(3): 766-767.

Rodríguez, J. 2001. Diversidad y distribución de los cetáceos de Costa Rica (Cetacea: Delphinidae, Physeteridae, Ziphiidae, Balaenopteridae). Revista de Biología Tropical 49 (Supl. 2).

Schofield, T.D. 1996. Observations on Inking and Regurgitation in a Juvenile Female Pygmy Sperm Whale, Kogia breviceps. National Aquarium in Baltimore (informe técnico), 17 p.

Shevill, W. (ed.). 1974. The Whale Problem: A Status Report. Cambridge, Harvard University Press, 147 p.

Simoes-Lopes, P.; Praderi, P.; De Paula, G. 1994. The Clymene Dolphin, Stenella clymene (Gray, 1846) in the Southwestern South Atlantic Ocean. Marine Mammal Science 10(2): 213-217.

Stacey, P.J.; Leatherwood, S.; Baird, R.W. 1994. Pseudorca crassidens. Mammalian Species 456: 1-4.

Stephen, D. 1973. Dolphins, Seals and Other Sea Mammals. New York, G.P. Putnam's Sons, 419 p.

Sylvestre, J.P. 1981. Review of Kogia Specimens Kept Alive in Captivity. Folleto sin pie de imprenta.

Tinker, S.W. 1988. Whales of the World. Leiden, Holanda, J. Brill, 310 p.

Van Waerebeek, K.; Félix, F.; Haase, B.; Palacios, D.M.; Mora-Pinto, D.M. 1998. Inshore records of the striped dolphin, Stenella coeruleoalba, from the Pacific coast of South America. Report of the International Whaling Commission (48): 525-532.

Watson, L. 1981. Sea Guide to Whales of the World. London, Hutchinson and Co., 309 p.

Wilson, D.E.; Reeder, D.M. (eds.). 1993. Mammal Species of the World. Washington, D.C., Smithsonian Institution Press, 1.207 p.

Wuertz, M.; Marrale, D. 1993. Food of striped dolphin, Stenella coeruleoalba, in the Ligurian Sea. Journal of the Marine Biological Association of the United Kingdom 73(3): 571-578.

ÍNDICE / INDEX

A

Atlantic Spotted Dolphin 125

B

Balaenoptera acutorostrata 10, 11, 34, 35, 40, **57**, 61
Balaenoptera borealis 32, 33, 40, **51**
Balaenoptera edeni 32, 33, 34, 35, 38, 39, 40, 51, 52, **54**
Balaenoptera musculus 45
Balaenoptera physalus 34, 35, 40, **48**
BALAENOPTERIDAE 40
Ballenato 97
Ballenato de Cuvier 71
Ballenato picudo de Bainville 75
Ballenato picudo de Gray 77
Ballena azul 47
Ballena de Bryde 55
Ballena de Cuvier 71
Ballena de los vascos 43, 44
Ballena de pintas 51
Ballena de Sei 51
Ballena franca 43, 44
Ballena hocico de botella 69
Ballena jorobada 61
Ballena picuda 77
Ballena piloto 97
Blainville's Beaked Whale 75
Blue-White Dolphin 127
Blue Whale 47
Bottlenose Dolphin 115
Bryde's Whale 55
Bufeo 101, 111, 115

C

Cachalote 65
Cachalote enano 81
Cachalote pigmeo 79
Calderón de aleta corta 97
Calderón gris 119
Calderón pequeño 85
Calderón picudo 69
Calderón tropical 97
Clymene Dolphin 133
Common Dolphin 111
Cuvier's Beaked Whale 71

D

Delfín azul 127
Delfín Clymene 133
Delfín común 111
Delfín de dientes rugosos 101
Delfín de estuario americano 105
Delfín de Fraser 107
Delfín de hocico largo 131
Delfín de Risso 119
Delfín de yelmo 133
Delfín girador 131
Delfín hocico de botella 115
Delfín listado 127
Delfín manchado del Atlántico 125
Delfín manchado del Pacífico 121
Delfín manchado pantropical 121
Delfín moteado 125
Delfín moteado de antifaz 121
Delfín rayado 127

Delfín tornillo 131
DELPHINIIDAE 40
Delphinus delphis 34, 35, 38, 39, 40, 109, **110**, 112
Dwarf Sperm Whale 81

E

Espolante 93
Eubalaena glacialis 10, 11, 32, 33, 36, 37, 40, **42**, 48, 49

F

Falsa orca 91
False Killer Whale 91
Feresa attenuata 40, 82, 83, 84, **87**, 99, 123
Fin Whale 49
Flipper 115
Fraser's Dolphin 107

G

Globicephala macrorhynchus 32, 33, 38, 39, 40, 92, **97**, 118, 119, 123
Grampus griseus 40, **118**
Gray's Beaked Whale 77

H

Humpback Whale 61
Hyperoodon planifrons 40, **68**

J

Jibarte 61

K

Killer Whale 93
Kogia breviceps 22, 23, 32, 33, 40, **78**, 151
Kogia simus 22, 23, 40, **81**, 150
KOGIIDAE 40

L

Lagenodelphis hosei 40, 84, 85, 88, **107**, 108, 129
Little Picked Whale 57
Long-snouted Spinner Dolphin 131

M

Megaptera novaeangliae 34, 35, 38, 39, 40, 48, 49, 58, **60**
Melon-headed Whale 85
Mesoplodonte 75
Mesoplodon densirostris 32, 33, 40, 70, 72, 73, **74**
Mesoplodon grayi 40, **76**, 80
Minke Whale 57
Mular 115
MYSTICETI 40

N

Northern Right Whale 10, 32, 36, 42, 43, 44, 49, 138, 140

O

ODONTOCETI 40
Orca bastarda 91
Orca común 93
Orca enana 85
Orca pigmea 87
Orcinus orca 32-35, 40, 47, 50, 53, 59, 62, 66, 70, 76, 77, 84, 92, **93**, 99, 123, 150

P

Pacific Spotted Dolphin 121
Peponocephala electra 40, 82, 83, **84**, 89, 92, 123, 149
Physeter macrocephalus 20, 21, 32, 33, 36-40, **64**, 78, 79
Pseudorca crassidens 34, 35, 40, 76, 77, 89, **90**, 148, 151
Pygmy Killer Whale 87
Pygmy Sperm Whale 79

R

Risso's Dolphin 119
Rorcual aliblanco 57
Rorcual azul 47
Rorcual careto 49
Rorcual común 49
Rorcual de Bryde 55
Rorcual de Rudolph 51
Rorcual enano 57
Rorcual norteño 51
Rorcual tropical 55
Rough-toothed Dolphin 101

S

Sei Whale 51
Short-finned Pilot Whale 97
Short-snouted Spinner 133
Sotalia fluviatilis 34, 35, 40, **104**, 138, 139, 149
Southern Bottlenose Whale 69
Sperm Whale 65
Spinner Dolphin 131
Spotted Dolphin 125

Stenella attenuata 39, 40, 84, 85, **121**, 148, 149, 151
Stenella clymene 40, **133**, 149, 151
Stenella coeruleoalba 34, 35, 40, 109, **127**, 148, 149, 151, 152
Stenella frontalis 40, **124**
Stenella longirostris 34, 35, 38, 39, 40, 122, **130**
Steno bredanensis 32, 33, 40, **100**
Striped Dolphin 127

T

Tucuxi 105
Tursión 115
Tursiops truncatus 32, 33, 34, 35, 36, 38, 39, 40, 59, 68, 80, 88, 89, 90, 91, 98, **114**, 123

Y

Yubarta 61

Z

Zifio careto 71
ZIPHIIDAE 40
Ziphius cavirostris 40, 70, **71**

Impreso por
Litografía e Imprenta LIL, S.A.
Apartado 75-1100
San José, Costa Rica
378170